愛着障害・愛着の問題を抱えるこどもをどう理解し、どう支援するか？

アセスメントと具体的支援のポイント51

米澤好史 著

福村出版

[JCOPY] 〈出版者著作権管理機構 委託出版物〉

本書の無断複写は著作権法上での例外を除き禁じられています。複写される場合は、そのつど事前に、出版者著作権管理機構（電話 03-5244-5088、FAX 03-5244-5089、e-mail: info@jcopy.or.jp）の許諾を得てください。

もくじ

第1章
愛着障害を現場で理解・支援することで見えてくるもの
愛着の絆とは何か？　7

1　愛着障害の特徴～アセスメントのポイント 8
2　愛着障害と発達障害の違い 16
3　愛着障害の3タイプの存在 20
4　「外に現れる行動特徴」「愛着障害の3大特徴」「相補行動・昂進化現象として現れる特徴」「主たる養育者の行動」について 23
5　愛着形成とは何か～愛着障害の支援から見えてくる愛着の絆とは？ 26
6　愛着障害・愛着の問題を抱えるこどもに「してはいけない対応」 33
7　「愛情の器」モデルに基づく支援 36

第2章
ワークシートで理解する具体的現象・気になる行動の原因と支援のポイント　41

ワークシートの使い方 42

Ⅰ：感情への支援

①相手の嫌がることを察知してくるのはどうして？ 43
②叱っても、その行動がますます増えてくるのは？ 45
③褒めているのに、行動が改善しないのはどうして？ 47
④褒めたのに、パニック的に暴れました。 49
⑤不適切な行動にはどんな対応をすれば？ 51
⑥こどもに主導権を取られて愛情欲求された場合、どうすればエスカレート現象を防げるでしょうか？ 53
⑦カウンセリングマインドに則った支援がうまくいかない理由。 57
⑧キーパーソンを中心にした支援体制はどう作るのか。 59
⑨「親や、キーパーソンを独り占めしようとする」行動にはどう対応すれば？ 61
⑩誰がキーパーソンになればいいのでしょうか？ 63

Ⅱ：行動・現象への支援

①親が送ってきて、帰ろうとすると「帰らないで」と泣き叫びます。 ……… 68
②お迎えが来ても帰りたがりません。 ……………………………………… 70
③学校園所で普段は攻撃的でないのに、母親の前だけで暴れます。 …… 72
④被害者アピールが頻繁にあります。 ……………………………………… 74
⑤していないことをしたというウソをつきます。 ………………………… 76
⑥なんでも欲しがるので困ります。 ………………………………………… 78
⑦モノを大切にせず、よく壊します。 ……………………………………… 80
⑧つばを吐き、食べたものを吐いてまた食べたり、
　吐いたものを人になすりつけたりします。 ……………………………… 82
⑨おしっこ、うんちをお漏らししたり、トイレでないところで
　用を足したりします。 ……………………………………………………… 84
⑩他のこどもや、他の生徒に抱きつき、そのことで嫌がられても、
　喜びます。 …………………………………………………………………… 86
⑪他者の弱みを言いふらし、みんなでからかうことをよくします。 …… 88
⑫他のこどもを煽動して、不適切な行動をするように仕向けます。 …… 92
⑬挑発してトラブルを発生させ、もめごとをつくって喜びます。 ……… 94
⑭集団に割り込み、入り込もうとします。 ………………………………… 97
⑮他のこどもの作品を壊して、喜んでいます。 …………………………… 99
⑯他のこどもが褒められるとその子を攻撃し、
　自分が褒められると逃げたり、怒ったりします。 ……………………… 101
⑰集団では落ち着かず、多動になり、他のこどもにいろんな指摘をします。 … 103
⑱二人のこどもがキーパーソンを取り合って困ります。 ………………… 105
⑲こどもの要求がエスカレートして困ります。 …………………………… 106
⑳嫌なことがあったとよく訴えてきます。 ………………………………… 107
㉑他のこどもに「自分はやっていない」とウソをつきます。 …………… 108
㉒褒めていると怒りだします。 ……………………………………………… 109
㉓他のこどもに暴力をふるったことを認めません。謝りません。 ……… 111
㉔授業を抜け出し、追いかけると逃げます。
　「もう好きにしたら」と言うと激怒します。 …………………………… 113
㉕指示に従わない場合、集団の前ではどう対応すればいいでしょうか？ … 115

II：行動・現象への支援

㉖徒党を組んで教師に反抗し、くってかかります。
　場を考えず不規則発言をします。 ……………………………………………… 117

㉗性的問題を抱えているこどもに困っています。 ……………………………… 119

㉘幼児ですが、性器いじり、性器こすりつけ行為が目立ちます。 ………… 121

㉙認知機能の発達が遅く、感情のラベリングが難しいのです。 …………… 122

III：ASD＋ADの第3タイプの愛着障害への支援

①勝ち負けにこだわり、負けると相手や周囲のこどもを攻撃したり、
　すねたりします。 ……………………………………………………………… 124

②「にらまれた」「笑われた」と訴えながら、「一生呪ってやる」などと
　ひどい暴言を言い続けます。 ………………………………………………… 128

③激しく泣きわめき、なかなかおさまりません。 …………………………… 129

④嫌なことはしたがらず、好きなことしかしません。 ……………………… 131

⑤失敗したら固まって動かなくなります。
　クールダウンしようとしても、なかなか部屋を出ようとしません。 …… 133

⑥激しく大暴れをするので、対応に苦慮しています。 ……………………… 135

IV：保護者支援

①保護者がしっかりかかわっているように見えるのに、
　愛着の問題があるのはなぜですか？ ………………………………………… 137

②保護者が優しく対応しているのに、
　こどもに愛着の問題があるのはどうしてですか？ ………………………… 138

③保護者にこどものいいところを伝えても、
　不満いっぱいの受け取りをされるのですが？ ……………………………… 140

④保護者の言い分とこどもの言い分が食い違う場合の対応は
　どうすればいいでしょう？ …………………………………………………… 142

⑤保護者のこどもに対する対応が一貫していません。
　自傷行為があっても気にしない場合はどうすればいいですか？ ………… 143

⑥こどもの情報を伝えても聞く耳を持たない保護者
　（同僚の教師、保育士、指導者）にどう対応すれば？ …………………… 144

第3章
まとめ 151

引用文献·· **153**

おわりに·· **157**
著者紹介·· **158**

第1章

愛着障害を現場で理解・支援することで見えてくるもの

愛着の絆とは何か？

1　愛着障害の特徴～アセスメントのポイント

　愛着障害（AD：Attachment Disorder）、愛着の問題を指摘した本（米澤，2015c）を世に問うて以来、特に、現場でこどもとかかわる人からの賛同、共感の声をいっぱいいただいています。筆者はさまざまな形で、それ以前、それ以降も愛着障害の理解と支援について、提唱しています（米澤，2012；2014；2015a；2015b；2015c；2016a；2016b；2017；2018a；2018b；2018c；2018d；2019a；2019b；2019c；2019d；2022）。

　ようやく、愛着障害や発達性トラウマ障害、それと関連する論考、愛着の問題に言及した書籍も増えてきました。しかし、愛着の捉え方について、愛着障害の支援に活かせる正しい捉え方が広まってきたとはまだ言えない現状があります。愛着障害、愛着の問題を育児、保育、教育、福祉、医療の現場で正確に見つけ、その子に合った適切な支援につなげることの重要性は、ますます高まってきていると認識しています。

　米澤（2015c）で指摘した「13の愛着の問題の発見ポイント」を、さまざまな事例相談、学校園所（小中高支援学校、幼稚園、保育所）・施設（福祉・医療施設）での観察、相談、支援の実践、事例を参考に、また、山本・米澤（2018）の学校現場での調査も踏まえて、次のようなアセスメントシートとしてまとめました（表1）。

　このアセスメントシートは、筆者自身の現場でのチェック項目も加え、愛着障害、愛着の問題を抱えるこどもを現場で的確に発見していただくために、実際のこども理解のチェックシートとして使えるように作成したものです。

　チェックのポイントは、特に混同されやすい、発達障害のADHD（注意欠如多動性障害）との違いを意識しました。その区別をするための①「発達障害と区別するポイント」、愛着障害の特徴が行動としてどのように現れるのかという②「外に現れる行動特徴」、愛着障害を最も特徴づけている③「愛着障害の3大特徴」、外に現れる行動特徴が現れない代わりに生じる相補行動や発達の脆弱性（発達障害、知的障害などがある）や精神的な脆弱性（精神的に弱い、不安になりやすい、緊張しやすいなど）があって行動特徴が昂進化した④「相補行動・昂進化現象として現れる特徴」、愛着障害の3タイプによる特徴に関するもの、それに関連して特に筆者がその存在を提唱してきた第3タイプの特徴を示した⑤「ASDと愛着障害併存タイプ（ASD＋AD：第3タイプ）」、叱られた場合の

表1 愛着障害・愛着の問題を抱えるこどもアセスメントシート　愛着障害・愛着の問題を抱えるこども発見のためのチェックポイント（改訂版）

チェックのポイント	分類	特徴・タイプ	項目	チェック	特記事項（どんな時、誰と文脈情報）
発達障害と区別するポイント	多動	ムラのある多動	落ち着いているときと、落ち着きなく動き回るときがある		
			休み明けの日（月曜日など）の朝に多動が目立つ		
			午前中に多動が目立つ		
			週の後半に多動が目立つ		
			午後から多動が目立つ		
			教科や活動によって多動であったり、なかったりする		
			わざと注目されようとして動き回る		
			何かをしなければならない状況で多動になりやすい		
	片付けができないように見える、ルールが守れないように見える	感情・気持ち・意欲の問題	片付けた方が気持ちいいと思えない		
			片付けようとする意欲が生まれない		
			片付け支援しても枠組みを壊したり乱雑にしてしまう		
			その日は片付けができても次の日は全く気持ちいいと思えない		
			ルールを守ったほうが気持ちいいと思えない		
			ルールを守ろうとする意欲が生まれない		
			ルールを守ることでちょっかいを出したり、攻撃したりする		
			忘れ物など、ルールを守れなくても、平気で、しなくてもいいと正当化する		
	不適切な行動を取り上げない、無視する対応をした場合の反応	効果なし、逆効果	その不適切行動がかえって、増える、強くなる		
			別の不適切行動が増える		
			注目されたい行動が増える		
外に現れる行動特徴	モノとの関係		机の上に不要なモノがいっぱい置いてある		
			さわる必要のないモノ（鉛筆、消しゴム、筆箱、机、服など）をさわる		
			身体の一部、顔、手、髪の毛などをさわる		
			袖の中に手を引っ込める、手を入れた袖から身体やモノをさわる		
			衣服の袖、襟、裾から手を入れる、ポケットに手を入れる		
			モノをべたっとさわりまくる		
			モノをいじる		
			授業中、活動中、よく手遊びをする		
			机や壁など、モノにさわりながら歩く		
			グッズなど、モノを持ちながら歩く		
			他のこども、座っている人やその人の持ち物にさわりながら歩き回る		
			モノを抱えるように持つ		
			モノを独占してゆずらない		
			モノをなくす（大事にできない）		

チェックのポイント	分類	特徴・タイプ	項目	チェック	特記事項（どんな時、誰と文脈情報）
外に現れる行動特徴	モノとの関係		大事なモノと思わないものは乱雑に扱う、壊してしまう		
			モノを力任せに押しつける		
			ロッカー、机にモノを押し込み入れる		
			渡されたモノを落とす		
			棒状のモノを振り回す、それでつつく		
			木製の家具にコンパス、刃物で傷をつける		
			モノに囲まれる（座席のまわりにモノが散乱、自分のまわりにモノをいっぱいおいている）		
			モノを抱きかえて寝る		
			モノに囲まれる（ベッド、布団のまわりにモノを並べて、囲まれて寝る）		
	口の問題		舌なめずり、唇を舐める		
			指吸い		
			手や腕など身体の一部を舐める		
			モノ（鉛筆、消しゴム、筆箱、机、服、ハンカチなど）をなめる		
			爪噛み		
			手や腕など身体の一部を噛む		
			ハンカチや服の端を噛む		
			相手に噛みつく攻撃をする		
	床への接触		靴を脱ぐ		
			靴下を脱ぐ		
			靴や靴下を脱いだ後、足を靴に入れて動かす、床にでずりつける、机・椅子・椅子の桟に乗せる		
			すり足で歩く		
			床を手のひら、足、尻でさする		
			床に座り込む		
			壁にもたれて座る		
			床に寝転ぶ		
			机やロッカーの上に寝る		
			床を這い回る、転がり回る		
			床に寝転んだ姿勢で寝技的に蹴る		
	人との接触	人との過剰な接触（脱抑制タイプ）	誰彼なしに切対面に無警戒に話しかける		
			誰彼なしに切対面でも無警戒に身体接触する		
			抱って、おんぶ、膝乗りを求める		
			べたっと抱きつく		
			身体にまとわりつく		

チェックのポイント	分類	特徴・タイプ	項目	チェック	特記事項（どんな時、誰と文脈情報）
外に現れる行動特徴	人との接触	人との過剰な接触（脱抑制タイプ）	身体に飛びつく		
			足下から潜り込む		
			後ろ向きに近づいてきたり、後ろ側から接近して背中にすがりつく		
			抱きつきと同時に攻撃		
			1対1だと比較的おとなしい		
		人と接触忌避（抑制タイプ）	人には近づかない		
			人を警戒する		
			人が近寄ってくるのを嫌がる（特に正面からの接近を嫌がる）		
	姿勢・しぐさ	感情の不安定さ・感情の紛らわせ行動	姿勢がよく崩れる		
			立っているとき身体が揺らぐ		
			だらっとした姿勢、身体印象がある		
			「気をつけ」「前にならえ」の姿勢でも伸びきらない指・胸・腰・足先		
			立っているとき、足の裏全体が地面に着かず、浮かせたり、ひねったりする		
			座っていても姿勢保持が難しく、揺らしている		
			机にもたれかかる、かかえこむようにして座る		
			座っているとき椅子を浮かす		
			座りながら椅子をギッタンバッタン椅子ゴギ漕ぎをする		
			身体をさわりながらよく動かす		
			いつも手の指が伸びないで曲がっていて、しくもぎこちない		
			刹那的解放的感触を求める（裸足になる、衣服を脱ぐ、突然走り出す、ジャンプする等）		
			服装の乱れ（シャツがズボンに入らない 袖に腕を通さない 襟元がはだけるなどだらしなく感じる着こなし）		
			服装の乱れ（季節に合わない服装：夏に長袖／夏でも冬でも、上着を脱ぐ）		
			がつつき食い（激しく食べ物を口に詰め込むようにたくさん速く食べる）		
			トイレで糞尿の後始末をしない		
			パンツに糞尿を漏らしてもそのまま放置		
			遺糞・遺尿（トイレでないところ、廊下、部屋、庭などに排泄する）		
	危険な行動	感情の紛らわせ行動	教室、部屋で椅子、机、棚、塔、滑り台、ロッカーの上に登る		
			外でもベランダ、塀、木などによじ登る		
			フェンス、塀、滑り台の上、雲梯の上など、高いところに登る		
			二階以上の部屋、教室の窓から下を見る		
			教室、部屋に窓から出入りする		
			消しゴム、本、パンなどモノを投げる		

チェックのポイント	分類	特徴・タイプ	項目	チェック	特記事項（どんな時、誰と文脈情報）
外に現れる行動特徴	危険な行動	感情の紛らわせ行動	高いところ、部屋の窓からモノを投げ落とす		
			高いところから飛び降りる		
			相手を傷つける暴言		
			跳び蹴り、モノを投げつけるなどの危ない攻撃		
			痛そうな怪我をしても泣かない		
			痛そうな怪我をしても痛がらない		
		注目されたい・アピール行動	注目されたくていろんなことを訴えてくる		
			たいした怪我でなくても治療してほしがる、保健室によくやってくる		
			教室や部屋を飛び出し、追いかけるとどちらを振り向いて確認して、嬉しそうにする		
			自作自演の事件を起こして目撃者を装う（自分でしておいて誰かが廊下の壁にノートを破られたと訴える）		
			自作自演の事件を起こして目撃者を装い通告（発見者を装い、自分でしておいてこっそり見つけたと報告）		
			わざと不適切な行動をして、こっちを向いてもらおうとする		
			わざと友だちに意地悪をする		
			誰かのモノを隠して、自分が見つけたなどと報告する		
		静寂潰し	大声・奇声をあげる		
			大きな声で歌う		
			机を叩いたりして大きな音をたてる		
			静かな状況で声をあげる、騒ぐ		
愛着障害の3大特徴	愛情欲求	愛情試し行動	大人の様子をよく見ている		
			観察者や教師のメモを気にしている		
			大人に何をしているか、なぜここにいるのかを聞く		
			これをしたらどんな反応を示すかわざと試すような行動をする		
			これは許されるかを試す		
			叱られるかを試し、厳しく叱る、怖いと感じした人の大人の前ではそれをしない		
			叱られるかを試し、厳しく叱らない、あまり叱らない、優しい子の前では、それをたくさんする		
			家ではいい子なのに、学校保育、学童保育、家では、不適切な行動をいっぱいする		
			学校ではいい子なのに、家では不適切な行動をいっぱいする		
			場所、場面によって行動が変わる		
		愛情欲求エスカレート現象	自分が言ったとおりに人にさせ、自分の思いどおりにさせようとする		
			自分からいろいろすることをしようと誘う		
			「これをして」といろいろな要求をする		
			要求したことをしてもらっても、もっとしてもっとと要求がエスカレートする		
			かかわってもらって快感を求め、そのためには頑張るだけ頑張る		
			かかわりがないときは頑張ることができない		

チェックのポイント	分類	特徴・タイプ	項目	チェック	特記事項（どんな時、誰と）※旅情報
愛着障害の3大特徴	自己防衛		よくないことをしてことを人に見られていても、指摘されても、「やってない」「自分じゃない」とウソをつく（否認のウソ）		
			自分は悪くないと弁解や抗弁をして自己正当化する		
			それは悪くないと弁解や抗弁をしてウソをつく（他責のウソ）		
			他者とのトラブルでは、自分は悪くない、相手がすべて悪いと人のせいにする（被害的他責）		
			自分のせいにされることを恐れる		
			なぜあの子はいいの？とんの行いを例にして、自分だけ注意しないよう訴える		
			なぜみんなやってるのに自分だけ注意されるのかと訴える		
			注意されると大泣きをする		
			注意すると暗い顔、あくび、咳き込む、目が泳ぐ、眠るなどの身体症状がでる		
			注意しても、ヘラヘラした態度で取り合おうとしない		
			伏し目がち、顔が歪む、目をそらす		
			自分から発言することが少なく、声も小さい		
			自分から建設的なことをしない		
			「あなたがしたんでしょ」と追い込むと、その不適切な行動をした記憶が飛び、消える（解離）		
			自分のしたことで自分にとって不利になると記憶が飛ぶ、消える（解離）		
			「あなたがしたんでしょ」と追い込まれるとその相手に「やってない」と激しく攻撃する（対親、対教師暴力など）		
	自己評価の低さ	共通特徴	日、時間、活動によって取り組みの意欲、態度が違う		
		自己否定	みんなの前での発言、行動は自信なさげ		
			「できるよ!やってみよう」と誘っても、「どうせできないから、やらない」とする前から諦めてしようとしない		
			何事に対しても自信がなく、意欲もみせない		
		自己高揚（優位性への渇望）	「自分はできる!」など、虚勢を張るが、実際にやろうとはしない		
			自慢話をよくする		
			自分のことはさておいて、自分はそのよくない行動をしているのに、それはそのことをしておいて、他のことをしたら、それを指摘する		
			自分のことはさておいて、他者のよくない行動、不適切な行動を注意して、止めさせようとする		
			自分のモノを人にあげる、配って回る		
			仲間はずしなどの「いじめ」をして、自分のせいで人が困る様子を楽しむ		
			自分の命令どおり、人を動かそうとし、言うことを聞かないと暴れる		
			自分の思いどおりに人を支配しようとする		
			人に対して、結果的に周りに忖度される対応をさせている		
相補行動・昂進化現象として現れる特徴	多動・モノとの関係	相補行動	髪の毛を抜く（抜毛・抜毛）		
			ゲーム・ネットなどして離れない（ゲーム依存・ゲーム障害）		
			性的問題を起こす（本人に性的な意図、意識がある）		

チェックのポイント	分類	特徴・タイプ	項目	チェック	特記事項（どんな時、誰と文脈情報）
ASDと愛着障害併存タイプ（ASD+AD：第3タイプ）	相補行動・昂進現れる特徴現象として	多動・モノとの関係	発達の脆弱性・精神的脆弱性	万引き・窃盗（クレプトマニア）性器いじり・性的化行動（本人には性的な意図はないが、結果的に性的な行動に見えるもの）		
	モノとの関係・口の問題・危険な行動・愛情欲求・自己防衛	自己評価の低さ	摂食障害（過食・拒食）リストカット		
	姿勢・しぐさ	高不安・高緊張	チック 吃音		
	普段の特徴（安全・安心基地、居場所感の確保）	籠もる	室内でフードを被る、帽子を被る、タオル、上着などで頭を覆う 風邪をひいていない、花粉症でもやっていないのに終始マスクをしている タオル、ネックウォーマー、服で顔を覆う 服の袖を伸ばして手を隠す、冬は室内でもよく手袋をする カーテン・場所に全身くるまれる ロッカー・棚の中に入り込む 机の下に潜り込む まわりを囲んで囲む 狭いところに入り込む		
	感情的混乱時の特徴（安全・安心基地、居場所感の危機への対処）	フラッシュバック的攻撃	相手が何もしていないのに攻撃する 突然、表情、目つきが一変し、険しい表情になり、いきなり攻撃する 突然、目つきが変わったかと思うと、いきなり攻撃する		
		執拗な攻撃	特定の人ばかり（複数の場合もある）攻撃する 特定のモノ、色に反応して攻撃する（眼鏡をかけている人、黄色い服を着ている人など） 暴言を言い出すと止まらない 何度も叩く、蹴る 繰り返す同行動的攻撃（頭を打ち付ける、ペンでつつく、傘でつついて壁にで穴をあけ続けるなど）		
		パニック的攻撃	行動、攻撃を制止しようとすると大暴れする 数人がかりで抑えないと止まらない（数人で抑えつけようとすればするほど止まらない 激しい攻撃行動をする		
		固まる	一時的に固まって、しゃべらない、動かない（平均30分～数時間） 一時的に反応しなくなり、しゃべらない、一切のかかわりをシャットアウトする（平均30分～数時間） 固まったら場合、かかわればかかわるほど、その時間が長くなる		
反応を示すとき、どんな	反応を示すとき	脱抑制タイプ（DSED）	叱られたときの行動がかえる、増える 叱られたものとは別の不適切行動が増える		
		抑制タイプ（RAD）	人間関係を長期的に遮断して、以後、長期間にわたり（数週間、数か月、数年）一切口をきかない、かかわりを断つ		
		ASD+ADタイプ	なかなか収まらない激しいパニック攻撃 一時的に（数十分～数時間）叱られたものと、数日に及ぶこともある）固まる、シャットアウト		

チェックのポイント	分類	特徴・タイプ	項目	チェック	特記事項（どんな時、誰と文脈情報）
主たる養育者の行動	愛情の行き違い現象	こどもの欲しいときさに欲しい愛情を与えていない	欲しがるときに与えず、何度も要求された後になってから要求に応える		
			こどもの欲しがるものはすべて与えず拒否する		
			ネグレクト（必要な養育もしない）		
		こどもの欲しくないときに欲しくない愛情を与えている	こどもの思いとは無関係に、自分がしたいこと、してあげたいことをする		
			こどもの思いとは無関係に、自分が買いたいものを買い与える		
			こどもの思いとは無関係に、学習塾、習い事に通わせる		

愛着障害の3タイプによる反応の違いを示した⑥「叱られるとどんな反応を示すか」、親など養育者の行動として、どんな愛情の行き違いが起こっているかの確認としての⑦「主たる養育者の行動」の、7つのチェックポイントから構成されています。

それぞれについて、項をあらためて説明しましょう。

2　愛着障害と発達障害の違い

①発達障害と愛着障害の原因の違い

愛着障害はその行動特徴が発達障害とよく似ているところがあり、その違いがきちんと理解されていないことから、適切な支援につながらない事例がしばしば見られます。

発達障害の専門家はたくさんいる一方、愛着障害の専門家は極めて少ないことも、その現象に拍車をかけています。

まず、気になるこどもを現場で的確に理解し、抱えている問題をきちんと把握することが、その子に合った支援をするために必要です。米澤（2019a；2019c）でも取り上げて、そのポイントを説明してきました。現場だからこそできる、その見分ける3つのポイントを、特に混同が起きやすいADHD（注意欠如多動性障害）との違いに着目して、確認してみます。

発達障害は、ADHDも、ASD（自閉症スペクトラム障害）も、先天的なこどもの脳機能障害であって、それは生まれつき持っている「**特性**」の問題です。しかし、愛着障害は生まれた後に、後天的にこどもとかかわる特定の人との「**関係性**」の障害です。発達障害と愛着障害とでは、その行動の問題にいたる原因がまず違っているのです。

②多動の現れ方の違い

落ち着きなく動き回るという「多動」の特徴は、ADHD、ASDといった発達障害にも、愛着障害（AD）にも見られるもの。しかし、ADHDには「多動性障害」という名称があることから、多動の特徴を見つけた場合、すべてADHDであると誤認してしまうのです。

こどもが実際に生活している、育児・保育・教育・福祉などの現場で多動の現れ方を見ればその区別をすることができます。米澤（2015c）でも示したものを少し改訂した図1に基づいて説明しましょう。

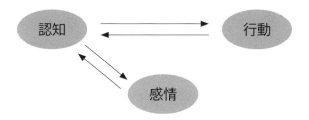

図1　発達障害と愛着障害を見極めるためのこども理解のポイント（米澤, 2015c を改変）

　ADHDの多動は行動の問題として起こることから、多動性障害と呼ばれています。これは、見て、あるいは、聞いて、さわってというような五感によって気づくという認知機能とは無関係に生じているものです。また、気持ち、感情の機能とも無関係に起こるものです。認知される対象は、学校園所と家など、場所や状況、作業が変われば、当然、変わります。また、それらに対する好き嫌い、肯定的・否定的などの感情も変わるのですが、多動の現れ方はそれらに影響されず、「いつも」多動であることから「多動」と確認できるのです。

　ASDの多動は、「ここにいていい」「これをしていればいい」という感覚、認知である居場所感の欠如が原因です。居場所感を認知している場合には落ち着いていますが、居場所感が突然、奪われる（たとえば、読書の時間にまだ本を読んでいる途中に、いきなり、読書の時間が終わったので止めなさいと制止される、本を取り上げられるなどの対応をされる）とき、または、いきなりの予定変更や場所変更で、居場所感が見つからない（国語のはずが、突然、体育に時間割変更され体育館に連れていかれたなど）場合には、多動になってしまいます。

　愛着障害の場合は、一日のうちでも、とても変わりやすく、楽しくなったり悲しくなったりつまらなくなったりする、ムラがある感情が、多動の原因です。ですから、多動そのものの現れ方も、多動であったりなかったり（落ち着いているときと多動なときの両方見られる）するのです。この現象を「ムラのある」多動と言います。嫌な気持ち、ネガティブな感情が多くあって混乱している場合、あるいは、いい気持ち、ポジティブな感情も、ありあまっていて興奮状態で制御できないときに、多動になりやすくなります。ですが、ちょうどいい程度のポジティブな感情がある場合には、落ち着いていることができるのです。アセスメントシートに示したように、ネガティブな感情を家でいっぱい貯めてしまうと、休み明けの朝になって、学校園所で多動となります。ポジティブな

感情を週の初めで使い果たして補充されない場合、週の後半に愛情エネルギー不足となって多動になります（週周期の場合）。これが日周期で起こる場合は、ネガティブな感情を貯めると午前中に多動になり、ポジティブな感情が枯渇すると午後からの多動となります。何より、その場所、状況、作業に対する好き嫌いの感情が影響します。好きなことをしているときは落ち着いているのですが、嫌なことをしなければならないときは、多動になるのです。後述する愛着障害の3大特徴の1つである愛情欲求行動の1つの「注目されたい・アピール行動」として、こっちを向いてほしくて多動になる場合があります。嫌なことをずっとさせられていると、その時間はずっと多動になるので、外部からの観察者は、自分が観察したときの様子だけで判断しないように留意する必要があります。

③片付けができない、ルールが守れないように見える現象

　片付けができないように見える現象、という回りくどい言い方をした理由は、ADHDでも、愛着障害でも片付けができないように見えるからです。しかし、その原因は違います。

　ADHDの場合は、「片付ける」という一連のいくつかの行動を最後までやり通すという、実行機能・遂行機能に問題があります。

　したがって、「片付ける」行動がなかなか身につかず、「片付けられない」という現象につながります。この場合は、「片付ける」という一連の行動のかたまりを細かい行動に分解し、スモールステップで一つひとつ行動を促し、その確認をするという行動支援をしていけば、片付けができるようになります。

　しかし、愛着障害の場合は、このような行動支援だけではまったく効果が現れません。愛着障害では「片付けない状態より、片付けた方が気持ちがいい」というポジティブな感情、「散らかった状態を見て、片付けたい・片付けよう」という意欲そのものが育っていません。そのことが原因なのです。したがって「今日できたことも、次の日にはまったくできない」ということになりやすく、こどもに指導・支援していく場合、こどもの反応は極めて刹那的なものになり、成長として全然積み上がっていく感覚が持てないのです。行動の問題から生じている現象なのか、感情の問題から生じている現象なのかをしっかり捉えることが、発達障害と愛着障害の違いを見極める大切なポイントとなります。

　「ルールを守る」という規範行動や、ルールがある遊びにうまく参加できないように見える現象も同様です。ADHDではルールを守らなければならない

という遵守意識はありますが、注意欠如、衝動性や行動制御の問題から、結果的に規範から逸脱する行動をしてしまい、ルールを守れない行動となります。ASDの場合は、そのルールが自分の捉え方、認知と合致しないと、絶対、それを取り入れようとしないため、ルールを守らない、ルールのある遊びに参加しないということになります。

それに対して、愛着障害では、「ルールを守ればどんないい気持ち、ポジティブな感情になるのかがわかっていない」のです。だから「ルールを守ろう」という意欲そのものが育っていません。また、ネガティブな感情が生じたとき、そのネガティブな感情を抑えたり、紛らわせたりする感情コントロールが困難なので、どうしても規範から逸脱した行動、ルール破りの行動が頻発してしまいます。その行動をすれば注目されることから、愛情欲求行動として逸脱行動が生じやすいのです。

④不適切行動を「取り上げない」「無視する」対応への反応

こどもが不適切な行動をしたとき、その行動に対して反応せず、「取り上げない」「無視する」対応をした場合、行動の問題であるADHDでは、生起した行動に何らかの反応をして報酬を与えない、強化しないという対応をすると、その行動は消去され、行動をしなくなります。

しかし、愛着障害の場合の不適切な行動は、感情の問題から生じています。ですから、その行動を「取り上げない」「無視する」対応は、そのときの感情をわかってくれないという思いを生じさせ、「この行動をしたのに無視された」と感情的反応を誘発してしまいます。この感情には、愛情欲求行動の1つ、注目されたい・アピール行動の要素がたいてい入っていますから、「取り上げない」「無視する」対応をされると、もっと注目してほしくなり、これでもかとその不適切行動を強くする、あるいは、いろいろと手をかえ品をかえ別の不適切行動をしてしまうという結果を生んでしまいます。

この違いは、ADHDと愛着障害の支援の違いのポイントにもなります。不適切行動を「取り上げない」「無視する」対応はADHDの場合には有効で、いい支援となります。しかし、愛着障害の場合には、してはいけない支援の1つなのです。

しかし、事例相談を受けていますと、この「取り上げない」「無視する」対応を愛着障害のこどもにもするように強いる間違ったアドバイスによく出会います。特にペアレント・トレーニングの専門家が、親や教師にこのやり方を強

要して、成果が出ない（愛着障害の場合は成果が出なくて当然です）と、やり方がよくないとさらに支援している方が責められたりしている場合があります。専門家として、このようなアドバイスをすることはその責任を問われるべきであり、不適切であると言わざるを得ません。筆者は正しい愛着障害への支援のアドバイスが広まっていくことを強く願っているものです。

3　愛着障害の3タイプの存在

①愛着障害の3タイプとは？

　愛着障害のタイプは、ICD-10（世界保健機構・国際疾病分類第10版、ICD-11も公表された）、DSM-5（アメリカ精神医学会・精神障害の診断と統計の手引き第5版）などの精神医学界の診断基準で指摘されている2つのタイプだけではなく、育児・保育・教育・福祉の現場で、もっとも気になる、支援困難のケースとして見いだされるタイプを加えて、発達支援・発達臨床の立場から、3タイプがあることを筆者は提唱してきました（米澤, 2015c；2018a；2019aなど）。あらためて、その特徴を整理してみましょう。アセスメントシートでは、「外に現れる行動特徴」の「人との接触」の特徴と「ASDと愛着障害併存タイプ（ASD＋AD：第3タイプ）」、「叱られるとどんな反応を示すか」に、その区別するポイントがあります。

②愛着障害の第1タイプ

　第1タイプは、脱抑制タイプの愛着障害です。精神医学的診断では、脱抑制対人交流障害（DSED）と呼ばれ、誰に対しても無警戒で、慣れ慣れしく、過剰な身体接触がその特徴です。不適切な行動をした場合、それを叱ると、叱られたこともかかわってもらったと捉え、その不適切行動が逆に増加します。

③愛着障害の第2タイプ

　第2タイプは、抑制タイプの愛着障害です。精神医学的診断では、反応性愛着障害（RAD）と呼ばれるもので、誰に対しても警戒をし、自らかかわろうとすることはなく、人が近寄ってくることも嫌がります。特に、正面からの接近を嫌がりますが、後ろからの接触や横からのアプローチであれば、寛容な場合もあります。人間不信の特徴を持っているのです。不適切な行動をした場合に叱ると、以後、人間関係が数週間、数か月、数年と長期にわたって一切遮断

されることがあります。

④愛着障害の第3タイプ

　第3タイプとして筆者が提唱してきたのが、ASDと愛着障害併存タイプ（ASD＋AD）です。現在の精神医学界の診断基準では、ASDと愛着障害の併存診断は認められていませんが、筆者はこのタイプが明らかに存在することと、この診断基準の不適切さから、このタイプがADHDと誤って診断・理解されやすいことを指摘してきました。先天的脳機能障害であるASDが後天的に関係性障害の愛着障害を併せ持つ可能性は当然あり得ます。自己の感情認知、他者の感情認知が苦手なASDの場合、愛着形成や感情発達の問題を持ちやすいことも容易に想定できます。このことは、自他の行動を自他の心的状態から理解するメンタライジング（mentalizing）機能（Allen, J.G. et al., 2008など）の問題としても捉えることができます（上地, 2015参照）。

⑤愛着障害第3タイプの普段の特徴

　第3タイプは、普段の特徴として、室内でフードや帽子、タオル、上着などをかぶったり、風邪や花粉症でなく、まわりで着用しているわけでもないのに、不必要なマスクをいつも着用しています。幼いこどもの場合は、カーテンにくるまったり、ロッカーの中や、机の下に隠れたりします。これは「籠もる」という行動特徴です。育児した親御さんなどの捉え方としては、「なかなか泣き止まない」「感度がずれるのでかかわりにくい」などの育児困難感を伴うことが多くなります。

⑥愛着障害第3タイプの感情混乱が生じた場合の特徴

　自分の行動を制止、注意されたり、叱られたりして、自分の意図、感情と食い違うことが起こって、感情混乱をきたすと2つの反応パターンが生じます。
　1つは、［フラッシュバック的攻撃］［執拗な攻撃］［パニック的攻撃］パターンです。突然、攻撃行動が起こるため、「衝動的攻撃」と誤解され、ADHDと捉えられることが多いのですが、これは、しっかり見分ける必要があります。
　ADHDの場合は、ADHDだけでは攻撃的ではなく、不適切なかかわりによる二次障害によって、（筆者の言葉で言い換えれば）愛着障害が加わることで、衝動的攻撃行動が起こります。第3タイプの場合は、あることがきっかけで、

突然ネガティブな感情がよみがえってくるフラッシュバックから攻撃行動が生じます。感情が原因なので、突然、表情や目つきが険しく変化することがしばしばあります。衝動的攻撃の場合は、ある行動に別の行動が突然割り込むことが衝動性ですので、感情は関与せず、表情の変化は見られません。ただ、第3タイプでも表情の変化がない場合もあり、執拗な攻撃の特徴があるかどうかの確認が必要です。特定の対象（人やモノ）ばかり攻撃したり、暴言や暴力などの特定の攻撃行動を何度も繰り返したりして、なかなか止まらないのが特徴です。衝動的攻撃の場合は、その場限りの一回の攻撃であり、繰り返されることはありませんが、それを制止しようとすればするほど、大変、感情的に混乱したパニック的な大暴れが生じます。大勢で抑えようとしないといけないと思わせてしまうほどの激しい攻撃性を示しますが、抑えようとすればするほど、止まらなくなります。正面から、制止・制圧しようとせず、後述するように、適切なかかわりをすれば比較的早くおさめることができます。

2つ目は、[固まる（一時的シャットアウト）] パターンです。一時的に一切、かかわりを拒否してシャットアウトをします。第2タイプの抑制タイプが人間関係を長期に遮断、シャットアウトするのに対して、この第3タイプのシャットアウトは一時的で平均30分、数十分～数時間持続することが特徴で、まれに数日に及ぶこともあります。このシャットアウトは「そっとしておく」のが最良の対応です。心配して、かかわればかかわるほど、シャットアウトの時間が長くなります。

⑦愛着障害を「スペクトラム障害」と捉えると見えてくる、第3タイプに見られる法則
　DSM-5において、自閉障害は自閉であるかないか、1か0かという診断は適切でなく、程度の差、状況による現れ方の違いであるスペクトラム障害である、とようやく認定されて、「自閉症スペクトラム障害」という認定・命名がなされました。しかし、愛着障害については、残念ながら、1か0かではなく、程度の差であるスペクトラム障害であるとは、まだ認定されていません。ですが、愛着障害をスペクトラム障害と捉えると（岡田, 2011などでも指摘）、第3タイプの攻撃性やシャットアウトの問題の現れ方は、それぞれの特性の程度の強さのかけ算の答え（[自閉の強さの程度]×[愛着の問題の強さの程度]）と等しいという法則を見つけることができます。だからこそ、このタイプが確実に存在すると筆者は主張してきました。そして、自閉と愛着の問題を併せ持つタイプとして意識し、まず、愛着の問題からアプローチすれば、必ず、劇的に愛

着修復ができ、行動の問題が減少・改善することを、たくさんの実践例から確かめてきました。それがこのタイプは確実に存在する証明であると筆者は考えています。

4 「外に現れる行動特徴」「愛着障害の3大特徴」「相補行動・昂進化現象として現れる特徴」「主たる養育者の行動」について

①「外に現れる行動特徴」

　ポジティブな感情、安心感を求めて、いろいろなものに接触するのが愛着障害の特徴です。さまざまなモノをさわったり、身体の一部やモノを口にふれ、足や身体を床に接触させるために靴や靴下を脱ぎ（ASDでは知覚異常のうちの知覚過敏で靴や靴下の肌への感覚を嫌って脱ぎますが、愛着障害では、脱ぐ開放感と床への接触感を求めて脱ぐのです）、寝転ぶ、這い回る、寝転んだままの攻撃という行動につながります。姿勢・しぐさの乱れ、服装の乱れは、感情の不安定さの現れです。

　ネガティブな感情を紛らわせるために、モノを振り回す、モノや身体の一部、他者を嚙む、靴、靴下、服などを脱ぐ行為が現れます。強い愛着障害で生じる遺糞・遺尿（トイレでないところに排泄する）は、感情の不安定さ、こっちを向いてほしいアピール行動、どうしようもない感情を紛らわせようとするなどがかかわっている行動です（**感情の紛らわせ行動**）。高所に登る、モノを投げる（投擲）、理由なく他者に危険な攻撃をするなどの危険な行動も、ネガティブな感情の紛らわせ行動です。ですから、その危険な行動を真正面から制止して止めさせようとしても、もともと、ネガティブな感情からその行為をしているので、止めさせようとすると、かえってネガティブな感情が増えて、なかなか止めることができないのです。危険な行動を止めさせるには、異なった対応が必要となります（第2章で説明します）。また、高いところに登るという行動をADHDの行動特徴としているDSM-5の捉え方はまた、不適当であると指摘できます。たまたま衝動性から高いところに登るADHDの事例もあるでしょうが、愛着障害のこどもは、ネガティブな感情を紛らわせることができるので、高いところが好きなのです。

　この「外に現れる行動特徴」は、各分類ごとに複数の項目が当てはまれば、その特徴があると判断でき、複数の項目が当てはまる分類が多いほど、愛着障害がある可能性が高いと判断できるものです（具体的な正確なこども理解について

は筆者にご確認ください)。

②「愛着障害の３大特徴」

　愛情欲求行動としての「注目されたい・アピール行動」はポジティブな感情を求めているものです。叱られるかどうか、相手の対応を試す愛情試し行動はネガティブな感情を発生させないための予防であり、現状でわずかに確保されているポジティブな感情の維持のために必要な行動です。したがって、試した後、叱られるとわかると、その人の前ではその行動をしないで、生じたネガティブな感情を叱らない人の前で発散して暴れたり、不適切な行動をしてしまいます。「私の前では不適切な行動はしないのに、あの人の前では不適切な行動をしているのは、あの人のかかわり方が原因」と考える人がいなくなるよう、かかわる人同士で連携することが必要になります。要求が入れられても、もっと欲しがる愛情欲求エスカレート現象は、ポジティブな感情や満足感は自分から求めて得られても、次も得られる保証はどこにもないのでエスカレートします。「求めに応じる」という対応とは違う対応(第２章参照)が必要となります。

　不適切な行動を自分がしたと絶対に認めない**自己防衛**は、ネガティブな感情を起こさずに、わずかに確保しているポジティブな感情を固守して、自分を守るための行動です。そのためのウソであり、それを追及すると、自分にとって不利な記憶が消える解離(かいり)現象を引き起こします。あるいは、追及してくる相手に攻撃をして自分を守ろうとします。他人のせいにして自分を守ろうとすることで、他責行動が生じるのです。

　誰かと成功体験を共有したり、自分の成功体験を報告してポジティブな感情を増やすことができなかったので、**自己評価が低く**なっています。それをそのまま受け入れてしまい、意欲が湧かない、自信がなくなっている状態が自己否定パターンであり、「これならできるよ」という誘いにも、「どうせできないからしない」と行動する前に無理だと拒否してしまうのです。一方、その自己評価の低さを受け入れられないのが、自己高揚パターンです。自分のことはさておいて、人に注意・指摘したり、モノを与えたりすることで、自己の優位性を渇望しています。これが昂じていくと、人に命令し、人を支配することでしか自己評価を上げられないと感じるようになり、まわりの大人(親や教師)も腫れ物にさわるような対応を強いられてしまうのです。

　これらの３大特徴は、愛着障害でなければ生じない特徴です。どの分類、どの特徴・タイプのいずれかの項目でも当てはまれば、愛着障害の可能性が高い

と判断していただいていいものです。

③「相補行動・昂進化現象として現れる特徴」

こうしたわかりやすい愛着障害の特徴として現れる代わりに、別の行動に現れる特徴があります。それが相補行動の特徴です。多動やモノをさわる行動が現れない代わりに、髪の毛を抜く抜髪・抜毛という習癖異常として現れたり、ゲームばかりして離れられないゲーム依存（精神医学界は「ゲーム障害」という名称をつけましたが、「認知症」という名称といい、何が障害なのか、どんな症状なのかを表していない、不適切な名称ですね）に現れます。思春期以降に注意しないといけないのは、多動、モノをさわる、口の問題の相補行動として、性的問題を起こすということです。早くからポジティブな感情を異性に求め、その結果、性的な問題を起こし、あるいは、性的な加害者、被害者になるケースがよくあります。性的な問題については、米澤（2019d）でも解説しました。これは第2章でも取り上げています。

本人に発達障害、あるいは知的障害などの発達の脆弱性があり、あるいは、精神的な弱さを持っていると、多動、モノをさわる行動が、万引き、窃盗というクレプトマニアと呼ばれる行為に昂進化します。モノをさわりたい欲求が、他者の物でも自分の物にしたくなるという行為となります。また、さわる行為がプライベートゾーンで行われると、性器いじりという行動になります。ですが、この行為に性的意図はありません。プライベートゾーンをさわった方が注目されるという効果があるからさわるのです。それが昂進化すると、本人に性的意図はないのに、結果的に性的な行動と見える、異性をさわるなどの行動につながります。これを性的化行動と呼びましょう。

また、本人の自己評価が低い場合、モノをさわる、口に入れるの相補行動、昂進化行動として、摂食障害として現れているこどもにも出会ってきました。また、危険な行動でもあるリストカットの問題につながっている場合もあります。リストカットは、「誰にも迷惑をかけたくない」と、それをしている場合があることで、愛情欲求行動ではないと理解されていますが、「誰もわかってくれない、守ってくれない」という自己防衛と「本当は誰かにわかってほしいが期待できない」という愛情欲求行動が屈折したものとして、リストカットの表現になっている事例もありました。

本人が不安が高く緊張しやすい場合、姿勢・しぐさの問題がチックや吃音、場合によっては選択性緘黙（かんもく）に現れている例もあります。チックや吃音、選択性

緘黙は別の原因でも生じますが、背景に愛着の問題を抱えている場合もあるのです。

いずれにしてもこれらの特徴は、ネガティブな感情を減らせない、ポジティブな感情を得られないという、愛着障害の感情の問題の現れ方として受け止めることができるのです。

④「主たる養育者の行動」

愛情を与えていない障害が愛着障害なのではなく、こどもが愛情を感じられていない障害が愛着障害であると、これまで筆者は提唱してきました（米澤, 2015c；2018a；2019a）。したがって、親がしっかりかかわっていないように見える場合だけ愛着障害の可能性を考え、親がしっかりかかわっているように見えれば愛着障害はあり得ない、と考えるのは間違いです。ネグレクトやこどもの要求を拒否するというようなわかりやすいものも含めて、こどもが欲しい愛情を与えていない場合、欲しいというタイミングとずれて愛情を与えていても、愛着障害になります。また、こどもの気持ちを考えずに養育者などが、自分の勝手な思いだけでかかわり、こどもが欲しくないときに欲しくない愛情を与えた場合でも愛着障害になるのです。こどもをいろいろな習い事に通わせて、親としては愛情を注いでいるように感じていても、それがこどもが欲しい愛情ではないケースもたくさんあるのです。

5　愛着形成とは何か〜愛着障害の支援から見えてくる愛着の絆とは？

①愛着形成とは何か？〜愛着形成を3基地機能として捉える

愛着（アタッチメント）とは何か？　米澤（2019a）であらためて指摘したように、この愛着の理解そのもの自体が、学界で共通理解されていません（遠藤, 2010；青木, 2017）。愛着理論を提唱したボウルヴィ（Bowlby, J., 1988）の考え方に忠実な研究者（平島, 2017など）は愛情（affection）とは区別して理解しようとし、「危機的な状況において、身を守るために、ある対象に接近しようとする認知と行動のシステム」に限定して理解しています（数井・遠藤, 2005；数井, 2012）。これでは、愛着には、感情は関与しない、愛情とは区別するという理論至上主義の考えになってしまいます。それでは、愛着障害の実態を理解できません。

愛着を「特定の人と結ぶ情緒的な絆」と定義することが、最も一般的となっ

てきています。しかし、まだ、情緒・感情による絆の問題、あるいは情動・感情発達の問題として捉えることが、現状では、共通理解されていません（米澤, 2019b）。育児・保育・教育・福祉の現場で、発達支援・発達臨床の視点からかかわるならば、愛着障害、愛着の問題を抱えるこどもに等しく見られる重要な特徴が、感情とその発達の問題であって、愛着障害の視点から、愛着に感情の問題があるのは必須であると言わざるを得ません。愛着の「絆」とはいったいどのようにして形成されるのか、その点をきちんと提案しない限り、愛着障害の支援はできないのです。長年、現場で愛着の問題にかかわり、愛着障害を支援し、愛着修復につなげる現場にかかわってきた筆者だから提唱できる考え方を、米澤（2019a；2019b；2019c）を踏まえながら、あらためて、述べてみたいと思います。「特定の人と結ぶ情緒的な絆」を、安全基地・安心基地・探索基地の3つの基地機能として捉えることが、愛着障害を正しく理解し、その支援、修復に寄与することを訴えたいのです。

②愛着形成の3基地機能：「安全基地機能」とは？

すべての愛着研究の専門家で共通理解されている愛着形成の基地機能は、「安全基地（secure base）機能」です。これはボウルヴィ、エインスワース（Ainsworth, M.D.S. et al., 1978）が主張したものです。この考え方に則って、安全基地を、恐怖や不安というようなネガティブな感情から「守る」ための特異的な適応行動システムとして捉えることが一般的です。この機能で説明できる愛着障害の行動はいくつか指摘できます。

ネガティブな感情を誰もなくしてくれないから、落ち着きなく動き回ります（多動）。ネガティブな感情から守られる安全機能がないために危険な行動をし、誰も助けてくれない（安全基地欠如感）から怪我を痛がらず、泣かないのです。そこから不適切な行動を自分がしたと絶対に認めない自己防衛が生じるのです。

第2タイプの抑制タイプの愛着障害（RAD）は、この安全基地の問題を抱えています。誰も守ってくれないと受け止めているから、人と安易にかかわるのは危険だと感じ、忌避するのです。正面から叱られると「否定された」と受け止めてその人に対して関係を遮断して、自分を守ろうとしているのです。

第3タイプ（ASD＋ADタイプ）の愛着障害で見られる「固まる」現象も一種の自己防衛機能です。特に、恐怖感情が災害後、一定期間を経て、他の人は立ち直ってきている頃に、かえって、愛着のトラウマ的問題が増幅しやすいことを筆者も災害支援の専門家として確認しました。また、不安感情を感じやす

い、初めての場所、初めての行動をする際、愛着障害のこどもに気になる行動が多く見られます。学校などでは、毎日、毎時間、初めてのことを学習するので、愛着障害のこどもはその学習から逃避したくなりますが、これも安全基地の問題です。学習・授業そのものは、ただちに安全を脅かす危険なものではありませんが、それに不安を感じ「誰も守ってくれない」と感じた場合に、その学習・授業を忌避するのです。安全基地もこどもがそのように感じる感情が重要な要素になっています。物理的に安全を確保しているかどうかとは明確に区別するべきことなのです。

　筆者が強調してきたのは、この安全基地機能だけでは説明できない愛着障害の行動が多く見られるということでした。そして、安全基地だけしか認めない専門家が、学校や保育園、幼稚園、施設、家庭において、さまざまな気になる行動が生じたとき、すべてそこに安全が確保されていないからだと決めつけた見立てと安全確保の支援だけを強調することに大きな問題を感じています。

　また安全基地の問題は、その行動の問題が生じた場所にあるのではなく、別の場所で作られた安全基地の問題が、処理しきれずに、溜まってしまったネガティブな感情が出しやすい場所で表出しただけにすぎないということも、大切なポイントです。たとえば、家庭で安全基地機能が働かないためにネガティブな感情が蓄積され、それが学校園所であふれ出て、行動の問題として現れます。逆に学校園所で蓄積されたネガティブな感情が家庭へ、あるいは学童保育の場であふれ出て行動の問題につながることもあるからです。

③愛着形成の3基地機能：「安心基地機能」とは？

　筆者は、愛情・感情の要素を明確に含んだ機能として「安心基地（restful & relax base）機能」の重要性を指摘してきました。安全の意味である「secure」を「安心」と訳したり、安全の感覚（sence of secure）を「安心感」と訳している日本の研究者（北川, 2013；2017）もおられますが、それとは明確に区別したいと考えます。「安全が確保され不安がない状態」がただちに「安心」ではなく、「安心感」に直結はしないということです。

　安心基地機能とは、その人といると気持ちが「落ち着く、ほっとする、気が楽になる、安らぐ、楽しくなる、癒やされる」という「ポジティブな感情」を直接生じさせ、はぐくむ機能です。よく誤解されますが、愛情とは与えるものではなく、こどもが「大人とのかかわりから、感じ取るもの」と位置づけなければなりません。こどもが感じるこの愛情から生じる感情の問題が「愛着の問

題」であり、その感情を生じさせる、誰かとの「つながり感」がこの「安心基地機能」の形成に必要なのです。「誰とつながってこのポジティブな感情を感じられるのか」が大切です。この「安心」の感情をどこからも誰からも得られないため、ポジティブな感情が枯渇することで起こる感情や行動の問題がたくさんあるのです。

　安心を求めて多動をし、モノをさわり口にふれ、足や身体を床に接触させるために靴や靴下を脱ぎ、寝転び、這い回って安心感を求めているのです。これは「安全基地機能」では説明できません。

　第1タイプの脱抑制タイプ（DSED）の愛着障害こそが、安心基地の問題を抱えているのです。今まで誰からも「充分な安心」というポジティブな感情を与えてもらえなかったと受け止めているため、初対面でも、誰に対しても安心を求めようとして身体接触したくなるのです。無警戒で誰に対しても生じる過剰な身体接触は安心を求めての行為なのです。

　姿勢・しぐさの乱れ、服装の乱れは「安心基地機能」が働かないために生じる感情の不安定さの現れです。注目されたい・アピール行動、愛情試し行動、愛情欲求エスカレート現象からなる愛情欲求行動には、ポジティブな感情や満足感を誰とも感じることができていない安心基地の問題が一番強く現れていると言えるでしょう。

　愛情欲求行動には、安心基地の問題が一番関係しており、求めても求めても安心できない気持ちが、愛情試し行動や愛情欲求エスカレート現象に現れています。「静寂潰し」という現象は、刺激が多すぎる状態（刺激過多）がそもそも愛着形成を難しくしていて、安心できない状況を作っているのですが、そうした状態に慣れてしまっていることから、逆に部屋が静寂な状態になるとそれを嫌って、静寂を大きな音を立てて潰してしまう行為です。そうすれば、みんなが注目してくれて快感を感じるという意味において愛情欲求行動の1つであり、また、安心基地ができていないからこそ、そうした行動をしてしまうことになるのです。

　こうした安心基地機能は、普段のかかわりの中で、たとえば、一緒の行動をして、それを確認し、同じ気持ちであることを再確認することで形成されていくのです。このことは第2章での具体的支援のパターンでも、必ず意識していただきたいポイントになります。

　第3タイプ（ASD＋AD）の「籠もる」という行動特徴は、この場所では、籠もらないと安全・安心基地、居場所感を確保できない状態であることを表し

ています。この安全・安心・居場所感の確保が困難となり危機感を感じた場合、2つのパターンで対処しようとします。1つは、ネガティブな感情コントロールができないことによって生じる感情混乱が、コントロール不能になると現れる激しい攻撃です。もう1つは一時的に一切、コンタクトを拒否してシャットアウトをして居場所感の危機回避、安全・安心基地の再確保として現れる「固まる」という現象です。

④愛着形成の3基地機能：「探索基地機能」が働くための条件

さらに筆者は、「探索基地（search base）機能」を3つ目の機能として取り出しました。他の愛着の専門家は、この探索機能は安全基地の1つの機能であると位置づけています。この基地機能を3つ目の基地機能として取り出すことによって、愛着形成・修復している親・支援者が、この基地機能ができるようになったら、愛着形成・修復できたとゴールを実感しやすいようにと筆者は考えました。そして、この基地機能ができることは、こどもの自立にとって必要不可欠な大切な機能が働くが故に、これこそが愛着形成できたことだと、誰にでも実感しやすくなるのです。

愛着形成のゴールである探索基地機能が働くには、まず、「安全・安心基地から離れても安全・安心と感じる」ことが必要です。愛着の問題として、特に就学前の現場や小学校低学年のこどもに、安全・安心基地から離れられないで、離れることを不安視する母子分離不安の問題が増えています。その一部は小学校、中学校以降で、安全・安心基地から離れると不安になり、離れられないという不登校のタイプとして現れます。米澤（2015c；2018a）でも指摘しましたが、「行っていい？」と愛着対象の人に確認する参照視をしないで離れてしまう現象は安全・安心基地ができていないことを示しています。残念なのは、親や教師の中に、こどものこの参照視に、「自分で判断しなさい」と突き放してしまう対応があることです。この参照視は決して、「してもいいですか」というお伺いではなく、「99パーセントしよう」と自分で決めていながら、最後の1パーセントをしていいかどうかを確認して、背中を押してもらおうとする確認行為です。その思いを受け止めなければ、それがたとえ自立を促そうとしての対応だとしても、自立を無理に促すことは自立をかえって遅らせたり歪めたりしてしまいます（米澤, 2012；2014；2015c；2018a）。完全にこどもが大人になり、精神的自立をするまで、この当たり前の確認行為である参照視は必要なことなのです。

次に「安全・安心基地に戻って安全・安心を確認する」ことが必要です。親が保育所に迎えに来ると、わざと逃げて素直に帰ろうとしない「お迎え逃避」現象が増えています。わざと逃げた方がかまってもらえると感じた愛情欲求行動の1つ（表1のアセスメントシートに反映しています。第2章のワークシートでも取り上げます）で、これは教室飛び出し行動にも当てはまります。ですから、追いかければ追いかけるほど、追いかけてほしくて逃げる行動が増えてしまいます。これには第2章で説明する別の対応が必要です。こうした現象は小学校以降では、学校からなかなか帰ろうとしない、寄り道をする、家に帰ってもすぐどこかたまり場に行ってしまう、深夜に及ぶ徘徊・放浪といった家に帰れない問題として現れます。基地に帰ることができないという意味では、安全・安心基地機能がきちんとできていない問題であり、探索基地機能が働くことができない状態を表しています。

⑤愛着形成の3基地機能：「探索基地機能」の重要な働き

　こどもが基地に戻ってきて、自分の行動・経験を「報告」することで、自身の感情を変化させることが探索基地機能の重要な働きとなります。安全・安心基地機能を担ってきた人とともに行わなかった行動・経験を報告したくなるのは、その行動・経験を安全・安心基地機能を担っていた人と共有したいと思う気持ちの現れです。基地機能を自立確認のために必要としているのです。

　そして、行動と経験だけでなく、そこで生じた感情を報告した相手である探索基地機能を担う人と共有することで、ひとりで経験したときに感じた、嬉しい・楽しいなどの「ポジティブな感情」がより増え、もっと嬉しく・楽しく感じるようになります。また、怖い・悲しいなどの「ネガティブな感情」が、すぐに減じられて、消滅するという効果をもたらすのです。ポジティブな感情は報告しないとすぐに消滅してしまいますが、この機能があるから、こどもは、さまざまな意欲を育み、新たな活動ができるのです。ネガティブな感情は報告しないといつまでも残って心を苛みますが、嫌な経験をしてもそれを乗り越えていけるのは、ネガティブな感情をなくしてくれる、この機能があるからです。

　学校園所で叱られるようなことをしてネガティブな感情を経験した後、「親に言わないで」と言うこどもは、この機能が家庭にないと訴えているのです。学校園所で嫌なことがあると登校を渋り、不登校になるこどもには、家庭にこの探索基地機能が十分に働いていないという可能性も視野に入れなければなりません。

このように、探索基地機能は、単に安全基地をもとに探索するだけではなく、ポジティブな感情を増やし、ネガティブな感情を減らす機能によって、こどもが安心して自立できる働きをする積極的な機能として位置づけるべきです。この機能が保育・教育の現場で絶対に必要なことは、現場でこどもとかかわる人には実感していただけることでしょう。

　探索基地機能が機能していないために自己防衛に失敗すれば、よくないことをした記憶を抹殺してしまう解離(かいり)が起こります。成功体験を報告・共有してポジティブな感情を増やせなかったことで自己評価が低くなり、それをそのまま受け入れて、意欲や自信がなくなった状態が自己否定になります。自己評価の低さを受け入れられず、自己評価を一瞬だけでも高め、自己の優位性を渇望してしまう（優位性への渇望）のが自己高揚です。自分が他者に影響力を行使できることが一番、自己高揚できるのです。ですから、いじめを主導したり、学校・家庭を支配しメンバーに服従させることで、真っ当なことではないことであっても、自分は影響力を行使できたという「歪んだ効力感」を感じるのです。

⑥愛着形成、愛着の問題は何に影響するのか？

　愛着形成を3基地機能の形成と捉えることで、愛着形成が自立行動の意欲の基盤となっており、さまざまな能力獲得の基盤ともなっていることに気づかされます。意欲の源泉として、他者への「認められ感」が大きな影響を与えていることを筆者は今までさまざまな年齢のこどもを対象に確かめてきました（濱上・米澤, 2009；米澤, 2012；宮﨑・米澤, 2013）。結果として、学力にも影響していることも確かめました（中井・米澤, 2019）。学力・能力の向上のためには、「指導の工夫、授業の工夫だけでは不十分で、まず、愛着形成から始めなければならない」という認識は現状では、ほとんど共通化されていません。これからも折にふれ、その大切さを訴えていきたいと筆者は思っています。

　自他の行動を自他の心的状態から理解するメンタライジング機能の基盤にも愛着形成があると指摘されるようになっています（Allen, J.G. et al., 2008；上地, 2015）。人間関係の基盤としての愛着形成の重要さが認識されつつありますが、メンタライジングの考えにも、まだ、充分、感情の問題として意識されていない部分があるのでしょう。特に愛着障害の感情混乱に焦点をあてる必要があります。その意味で、3つの基地ができていないという基地欠如感は、人間関係、集団適応の問題、規範行動からの逸脱、攻撃性と強く関連します。前述したよ

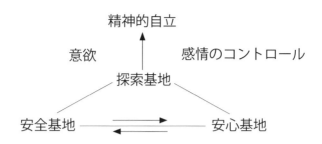

図2　愛着形成のための3基地機能（米澤, 2019c を改変）

うに、発達障害が攻撃的行動の原因なのではなく、愛着障害こそが攻撃性、攻撃行動の原因であるということ、この共通理解も広げていく必要があります。

さらに、前述した、災害被災後のトラウマ克服にも愛着形成は重要な影響を与えています。愛着の問題はその克服を長引かせるだけではなく、被災によってもともと持っている愛着の問題が増幅されるのです。

愛着の問題は依存症（アディクション）の問題として現れます（Flores, P.J., 2004）。こどもでいえば、ゲーム依存（ゲーム障害）は、ゲームをしたとき感じた楽しい気持ちを報告するという探索基地機能が働かず、ゲームの世界が安全・安心であると錯覚し、ゲームの世界においてネットでつながった顔の見えない相手にお互いに報告し合って、探索基地であると錯誤したため、ゲームに依存し離れられないという形になっています。大人のギャンブル依存、アルコール依存、薬物依存にも愛着の問題が影響しているのです。頼れる相手、安心基地、安全基地がないから、依存の対象となっているものに頼らざるを得なくなり、そこから離れられなくなるのです。

愛着形成の3基地機能を図2に示しました。安全・安心の基地が基盤となり、探索基地を形成することが自立につながることがご理解いただけると思います。

6　愛着障害・愛着の問題を抱えるこどもに「してはいけない対応」

①感情に期待した対応

これまで述べてきたように、安全・安心基地があることによって、ネガティブな感情を感じても大丈夫になり、ポジティブな感情を感じたいという感情が発達していきます。だからこそ、愛着形成の問題、愛着障害の場合、感情がきちんと育っていないことから、さまざまな問題を抱えてしまう、情動・情緒・感情の問題として捉えるべきなのです。

愛着障害を意識しなければ、「どうしてこんなことをしたの？　どんな気持ちでしたの？」と本人の気持ちを問うてしまいます。「どうしてそんなことをしたのか」という問いに答えるためには、自分を振り返り、そのときの感情をしっかり自己理解する必要がありますが、しかし、それができない愛着障害のこどもにはそのこと自体が無理難題なのです。自分で自分の気持ちがわからないのに、気持ちを聞かれたら、かえって嫌な気持ちになり混乱します。理由や気持ちを聞くというのは、一見、まともそうな対応ですが、これこそ愛着障害のこどもにしてはいけない対応なのです。ましてや、「嫌なことをされた相手はどんな気持ちになるかわかるでしょ？」という対応は完全に不適切です。感情が充分発達していないので、自分の気持ち、相手の気持ちがわからないのが愛着障害である、との理解が必要です。本人の感情に期待した支援は、愛着障害にはしてはいけない支援なのです。

　なぜしたのか、どんな気持ちでしたのかを問うのではなく、「嫌な気持ちになったんで蹴飛ばしちゃったね〜」と気持ちを言いあてる対応が基本として必要です。これについては第2章のワークシートで応用編も含めて取り上げます。

　この「感情の未発達」という状態は、年齢を問いません。中学生だから自分の気持ちくらいわかるだろうと思ってはいけないのです。また、知能の高さとも無相関・無関係です。知能が高く学力が高いこどもは、感情も発達していると期待してしまいますが、そうではない事例にもたくさん出会います。感情だけが未発達という状態が、親や教師から理解されにくいので、その子に合ったかかわりができないことが多いのです。

　褒めると逆に怒りだすこともあるのが、愛着障害の特徴です。たとえば、「頑張ってるね！」という褒め言葉に対して逆上するこどもがいます。「頑張ってるね」と言われたら、どんな気持ちになっていいのかわからないこどもの感情に期待して、その解釈を委ねてしまう無責任な対応なので、うまくいかないのです。ですから、これもしてはいけない支援になるのです。

②叱る対応、追い詰める対応が引き起こす問題

　こどもの未発達な感情を踏まえずに、つい、「叱ればそれがよくないことだとわかるだろう」と安易に考えた結果、いくら叱っても行動が改善せず、かえってこどもを追い詰める対応になることがよくあります。結果として、不適切なかかわり（マルトリートメント）、虐待・体罰につながってしまうことになるのです。

その指摘だけをしっかり受け止め、振り返ることでそのときの自分の感情に気づき、「この感情のときにはこれをしてはいけないのだ」とわかるこどもは叱っても効果があります。しかし、愛着障害のこどもに真正面からそれが間違っていると指摘して、こどもを叱っても、感情が混乱するだけです。ネガティブな感情を抑えられず、どうしようもなくて、攻撃するか、関係性を遮断するかしかなくなるのです。
　叱るという対応も、こどもの感情に期待してしまった対応なのです。

③腫れ物にさわる対応、無視する対応、取り上げない対応

　こどもがささいなことで暴れたり、あるいは、自己高揚の状態になって、命令・支配に逆らうと暴れたりすることから、親や教師、指導員がそのこどもに腫れ物にさわるような対応を強いられていることがよくあります。いくら腫れ物に触るように命令や支配に服従しても、その命令・支配はどんどんエスカレートしていくだけです。愛情欲求エスカレート現象で、要求に応えてもその要求がエスカレートするのは、そのときは応えてくれたが次も応えてくれる保証がないから安心できないと先に解説しましたが、命令・支配の場合も同じです。今の命令には従ったとしても、次の命令に従う保証はないので、安心することができず、どんどん、命令がエスカレートするのです。
　不適切行動を取り上げない、無視する対応が不適切であることはすでに発達障害との違いのところで述べましたが、これも安心感を得られないために生じている現象なのです。
　いかにして、安心感の源泉である、自己肯定感・自己効力感を養うかが大切です。定型発達では、自分が自分でいいんだ、自分が好きだという気持ちの自己肯定感からまず獲得し、そのうち、自分がいろんなことができることに気づき、そのアピールをすると認めてもらう経験をして自己効力感を獲得していき、最後に、自分は誰かの役に立っている、その人に認めてもらって自分の価値を高める自己有用感を獲得するに至ります（米澤, 2015c；2018a；2019c）。しかし、愛着障害のこどもにはこの順番で支援すると、かえって、自己高揚の状態を増幅してしまい、愛着修復に失敗してしまうのです。ですから支援が難しいのです。この点もワークシートで取り上げましょう。

④要求に応えるだけの対応、主導権を握られた対応、受容、傾聴

　愛情欲求エスカレート現象が示すように、要求に応えることは、安心感につ

ながらないだけでなく、逆効果になって愛着の問題を増幅することになります。そもそも、要求したのがこどもであることは、主導権がこどもにあり、こどもが先手をとっている状態であることです。ここに一番大きな原因があるのです。そのこどもが愛着障害であるということは、感情認知、感情のコントロールができないということです。その状態で要求に従い、応える対応は、コントロールがつかない状態に落ち込んでいくことになりやすいのです。

　また、受容、傾聴というカウンセリングマインドに則った支援がうまくいかないのも愛着障害の特徴です。要求を受容しても安心感にはつながりません。傾聴は、自分で話し、聞いてもらうことで、自分の気持ちに気づける人には有効です。しかし、自分で自分の気持ちに気づけない愛着障害の場合には、気持ちを受容しようと傾聴してもその対応自体が、かえって感情混乱を生じさせるのです。

⑤かかわる人の無連携な勝手な対応

　かかわる人がそれぞれの思いだけで、それぞれ連携せずに勝手にかかわってしまうと、愛着障害の症状を増幅させます。

　愛情試し行動の特徴として、厳しい対応をする人がいると、そのしわ寄せがそうでない対応の人に出てしまうことを指摘しました。それだけではなく、かかわる人が、みなそれぞれに勝手に優しくかかわると、どの人が愛着対象、安全・安心基地として期待できる人かがわからなくなり、それぞれの対応に刹那的に反応するばかりで、愛情の摘まみ喰い現象が起こることを筆者は指摘してきました（米澤, 2015c；2018a）。愛着形成は特定の人と「1対1」で形成できるように、その特定の人との関係が強まるような、他の人の連携が必要なのです。こうした問題もワークシートで取り上げます。

7　「愛情の器」モデルに基づく支援

①「愛情の器」モデル表現の改変

　以上、述べてきたような愛着障害の特徴をしっかりと踏まえた支援が必要です。そこで、筆者は長年の現場での実践研究を踏まえて、「愛情の器」モデルに基づく愛着修復プログラムを開発し（米澤, 2014；2015c）、愛着障害への支援に活かしてきました。

　「愛情の器」モデルは米澤（2015c；2018a）などで紹介してきましたが、米澤

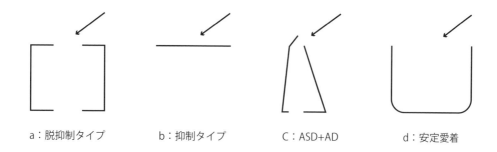

図3 「愛情の器」モデル［改変版］（米澤, 2019a；2019c）

（2019a）以降、少し表現を変えました。その最新の表現図（図3）で説明してみましょう。

　このモデルで表現してきた内容は、一貫して変わっていません。こどもに単にかかわるだけでは、愛着障害の支援は成功せず、かかわったことがこどもにどう受け止められたのか、そこからどのような感情が生じ、愛情として感じられたかを把握することが必要であること、そして、その感じた感情・愛情をしっかり貯めて、以後も持続的行動のエネルギーとして使える状態にあるかどうかを意識した支援が必要という点です。愛情は与えるものではなく、こどもがいかにそれを感じることができるかを意識して支援することが必要なのです。これを米澤（2019a；2019c）の説明に準じて解説してみましょう。

②「愛情の器」モデルにおける器の存在と受け入れ口の特徴

　こどもへのかかわり（→）が、ポジティブな感情・愛情としてこどもに受け止められるかどうかを愛情の器の受け入れ口の広さで表現しました。愛着形成ができているdの安定愛着タイプの受け入れ口は広く、どんなかかわりも愛情として受け止められます。

　しかし、bの抑制タイプ（第2タイプ）は、かかわりの受け入れを拒否しています。愛情の器そのものができていないのです。一から愛情の器を作る必要があり、支援にも時間がかかります。1年ではいろいろな行事も初めて経験することになるので、2年以上の時間が必要です。しかし、修復に今まで生きてきた年数と同じ年数がかかる（そのような脅しのようなアドバイスをされた例もあります）ことはありません。「その人がいても大丈夫なんだ、これが安全なんだ」と感じることから始めていく必要があり、それで時間がかかるのです。

　aの脱抑制タイプ（第1タイプ）は、愛情として感じるためのかかわりの受け

入れ口が狭いため、そこに入ったかかわりだけが愛情として受け止められます。また本人もこの狭い受け入れ口に入るものだけを求めたりします。しかし、それに応えることは狭い受け入れ口を広げることにはならず、かえって、受け入れ口をかたくなに狭くしてしまうのです。これが支援に困難をきたす原因になります。どのようにして狭い受け入れ口に入り、それを広げていけるかが大切です。

cのASD＋AD（第3タイプ）は、狭い受け入れ口に蓋もついており、蓋が閉まっているときは一切かかわりは受け止められず、愛情として感じられないのです。受け入れ口の蓋が閉まっているときに行ったかかわりは、何をやってもうまくいかないことを知っておかないと、一度や二度、試したかかわりがうまくいかないことですぐに諦めてしまうことになります。蓋が開いているタイミングを計って、また何度かやってみる必要があります。蓋は特に不適切なことをしたりして叱られたときや自分の思いが受け入れられないと感じたときには閉まっています。しばらく時間をおいてタイミングを計ってあるいは、場所を変え、人を変えて対応することが必要でしょう。

③「愛情の器」モデルにおける器の底の特徴

「愛情の器」の底は、かかわりから感じたポジティブな感情・愛情を貯め、愛情エネルギーとして継続的に利用できるかどうかを表しています。安定愛着のdタイプは愛情を感じ取り（底が少し狭く丸くなっているのは愛情への感受性の高さを示しています）、貯めることができます。ですので、一旦できたことを継続してしていくことが可能となります。基地機能を担う人がいつもそばにいなくても、この愛情エネルギーを使って自立的行動ができるのです。

bの抑制タイプ（第2タイプ）には愛情の器そのものがなく、受け止めを拒否しており、愛情エネルギーを貯めることはできません。

aの脱抑制タイプ（第1タイプ）では底に穴があり、底が抜けてしまっています。すぐにポジティブな感情・愛情がなくなってしまうのです。持続的に愛情エネルギーを使うことができず、何事に対しても刹那的になりいろんな行動、習慣が積み上がっていかないのです。

米澤（2015c）で指摘したように、人は同じ刺激には慣れてしまう、刺激への馴化（habituation）という反応特徴を持っています。わかりやすいのが嗅覚刺激です。芳香剤がたいてある部屋に入ってきたときに、一番、匂いを感じます。その部屋に居続けると同じ匂い刺激がずっと芳香剤から流れ出ているのに、感じ方はどんどん鈍くなっていきます。愛情刺激に対する反応も同じです。あ

る1のかかわりをしたことで、1の愛情を感じたとします。次にまた同じ1のかかわりをしたら、馴化が生じて0.8くらいの愛情しか感じなくなるのです。

底に穴のないdの安定愛着では、先に感じた1の愛情を貯めていますから、併せて1.8の愛情を感じることができます。だから、同じかかわりからそのつど感じる愛情が減っていっても、愛情が増えた実感を維持し続けることができるのです。

底に穴が空いているaの脱抑制タイプでは、同じかかわりでは、馴化により、感じられる愛情が減ってしまったように感じるため、「もっとして！」「これもして！」という愛情欲求エスカレート現象が生じやすくなります。その要求に応じて、たとえば2のかかわりをしてもそのときには2の愛情を感じますが、次もまた同じ2のかかわりをしては、1.6くらいの愛情しか感じられず、次は3のかかわりを要求する……という状況になります。要求に応える対応を続けたのでは、愛情欲求エスカレート現象は止まらないのはこのためです。第2章で説明する別の対応が必要であることに気づかされます。

cのASD＋AD（第3タイプ）では、蓋つきの狭い受け入れ口と底の開いた器により、愛情エネルギーの貯まりにくさが非常に顕著となりやすいことを示しました。米澤（2018a）までは底の穴はaの脱抑制タイプで代表させていましたが、わかりやすくcの第3タイプでも愛着障害の特徴として底に穴があることを明記しました。第3タイプでは、「蓋をあけてもいい、この感じた感情・愛情を貯めてもいいんだ」という感覚を身につけることが支援として必要になります。このタイプへの支援のパターンも第2章で取り上げます。

④「愛情の器」モデルに基づく愛着修復プログラム（ARPRAM）

米澤（2015c；2018a；2019a）などで紹介してきた、「愛情の器」モデルに基づく愛着修復プログラム（略称：ARPRAM）では、「愛情の器」作りを意識し、その受け入れ口を広げる支援、底の穴を塞ぐ支援、器をしっかり作る支援を心がけて実践してきました。ポイントはあらためて繰り返しません。詳細は、米澤（2015c）を参照してください。

大切な要点は、誰がこどもの愛着対象、「特定の人」、キーパーソンになるかという決定が必要という点です。この意識なしに愛着形成・修復はできません。そしてその特定の人と一緒に、感情の発達が未熟なことを踏まえて、感情のラベリング支援で感情学習を行うことが必要です。「誰と一緒だから」その感情が生じたかを確認すること、すなわち、愛着対象意識によって、その人に対す

る安全・安心基地機能を意識できるようになるのです。これができれば、「愛情の器」の底の穴が塞がれて、愛情エネルギーは蓄積されます。感情はいろいろなことをしても同じポジティブな感情を生じさせることに気づくことで、さまざまな行動をつなぐ、人とつなぐ役割をするのです。そして、こどもが欲しがる前に「先手」でかかわる支援、キーパーソンの主導権を意識した支援が必要です。これが愛情欲求エスカレート現象や自己防衛を防ぎ、「愛情の器」の受け入れ口を広げることになります。自分から要求しないともらえない愛情など、いくらもらっても安心できない、要求しなくても先に愛情を感じさせてくれる相手にこそ安心感を抱くことができます。そして、そのかかわりを受け入れていいのだとわかり、受け入れ口が広くなっていくのです。具体的対応の実際は第2章で確認していきます。

⑤「愛情の器」モデルに基づく愛着修復プログラムの意義

現状では、医療的措置、薬物療法で愛着障害は治すことができません。また、心理療法をときどき実施するようなやり方でも愛着障害は治せません。また、愛着障害のこどもの特徴として、普段の気になる行動が外部の人間が観察に行ったときに限って出ない、いわゆる表面的にいい子を演じられるという特徴がありますから、心理教育プログラムやソーシャルスキルトレーニング（SST）のセッション学習は、愛着障害に効果はありません。そのセッション学習では上手にできても、普段の行動は改善されず、かえって過激になり、悪化することがよくあります。

この「愛情の器」に基づく愛着修復プログラムは、心理教育プログラムやSSTと異なり、セッション制をとらず、日常生活に埋め込まれた支援プログラムです。成果がセッション内に閉じてしまうことなく、いろいろな状況に開かれた応用効果が期待できます。そしてどの発達段階のこどもや、大人に使用可能な「いつでも」「どこでも」できる支援プログラムです。

そして、愛着形成の3基地機能の観点から、このプログラムの意義を再確認すると、ネガティブな感情から守る安全基地から作り始めるのは非常に困難であり、ポジティブな感情をはぐくむ安心基地から作っていく支援こそが必要であることを確認できるのです。したがって、安心基地→安全基地→探索基地の順番に、支援していくことを心がけることが愛着修復のコツだと言えます。こうした点も第2章の支援のパターンで確認してみましょう。

第2章

ワークシートで理解する具体的現象・気になる行動の原因と支援のポイント

ワークシートの使い方

　この章では、筆者がさまざまな事例で経験し、いろいろなご相談にアドバイス、コンサルテーションをし、また実際の支援事例にスーパーバイズさせていたくなかで、愛着障害の支援として、いくつかのパターンを意識して対応すると、実際の支援に役立つであろうと思われる事例をパターン化し、ワークシート形式で意識できるようにまとめたものを提供しました。ぜひ、具体的な支援場面で、まず、第1章の表1のアセスメントシートで愛着障害の状態と程度を確認してください。その支援としてその子に合致する特徴への支援のポイントをこのワークシートで確認して、実際の支援に役立てていただきたいと思います。

　愛着障害だからこそ起こる現象を取り上げ、①その現象・行動の意味、②その行動・現象が起こる原因の分析、③そのことを踏まえるとしてはいけない、うまくいかないかかわりとは何か、④この場合の支援のポイントは何か、を解説するという形でこのワークシートは構成されています。

凡例
Ⅰ：とりあげる現象・行動のカテゴリー
①現象：愛着障害だから生じる具体的な現象を取り上げます。
②原因と意味：その現象が生起する原因、その行動は何のため、なぜしているのかというその行動が示す意味を解説します。
③してはいけないかかわりとは？　適切な支援とは？：
●：その対応をするとうまくいかなくなる、してはいけないかかわりがあります。なぜそれをしてはいけないかを解説します。
⇨：いいかかわり、必要な支援とは何か、なぜそれが必要なのかを確認します。
④支援のポイント：この現象にはどんな支援が効果的なのか、なぜ効果を期待できるのかをコンパクトにまとめます。

Ⅰ：感情への支援①

相手の嫌がることを察知してくるのはどうして？

❶ 現象

　愛着障害のこどもは気持ちがわからないと言いますが、相手の嫌がることは見事に察知してくるのはどうしてでしょう？

❷ 原因と意味

　相手の気持ちが本当にわからないから、相手の嫌がることが平気でできるのです。相手にとって嫌なことでも、相手が嫌がってこちらに何か反応してくれば、それで「かかわってもらった」としか感じられません。ですから、「相手が嫌がることをすればこっちを向いてもらえる」と思って、嫌がることをまたするのです。

　愛着障害のこどもは相手の気持ちを理解できません。ですが安全基地がありませんから、相手の様子の変化には敏感です。相手の気持ちがわからないままに、その変化を起こさせた自分の自己評価が一瞬上がります。その自己高揚によってもその行動をまたやりたくなるのです。

　相手の気持ちも自分の気持ちもちゃんとわからないので、相手が嫌がることが自分の快感であり、ポジティブな感情だと錯覚して、また同じことをやりたくなるのです。

❸ してはいけないかかわりとは？　適切な支援とは？

●嫌がることをわざとしてきたら、「そんなことをしてはだめよ！」「嫌だから止めて！」などと感情的に反応してはいけません。こどもの挑発にのってはいけないのです。
⇨淡々とそうなった気持ちだけを言いあてます。「そうか〜〇〇の気持ちになったんだね」「〇〇の気持ちになったからそうしたんだね」と。気持ちだけでなく、行動も言いあてていいのは相当関係ができてからです。行動と結びつ

けて表現すると否定したくなるから、気持ちだけを軽く言いあてます。つまり、こういう気持ちだねと言わずに、「こんな気持ちだったのかなあ」と流しながら言うのがコツです。

●高学年（小学校高学年以降、思春期以降）になると言いあてられたこと自体が嫌で、当たっていてもその発言に感情的に反応することもあります。

⇨気持ちをわかった上ではっきりとは言わず「これしてみようか？ これしてほしいなあ〜」と違う行動に誘って、その感情状態から切り離してあげることがまず大切です。料理を一緒にする、散歩する、動物や植物の世話をするなど、一緒にできる簡単な行動が最適で、その場から離れることが大切です。

　感情的に落ち着いてきたら、そこで発生しているポジティブな感情をまず確認します。「今は、〇〇をしてると、□□な気持ちだね〜。いい気持ちだね」と確認します。その後で、タイミングを見計らいながら、「さっきは△△という気持ちだったのかなあ」と、さりげなくネガティブな感情を振り返るといいでしょう。

❹ 支援のポイント

- 自分が嫌と感じる、こどものさまざまな行動に惑わされず、気持ちの言いあてを心がけます。
- 言いあては、今、発生しているネガティブな感情、嫌な気持ちがその行動を引き起こしたことを直接、言いあてることができる関係性があればそれを行ってもいい。
- 関係性が薄い場合、こどもが年齢的に大きい場合は、気持ちだけのさりげない言いあてにとどめ、そのときのネガティブな感情、嫌な気持ちから遠ざけるため、場所を移動して、違う行動に誘います。気持ちの振り返りはしばらくして落ち着いたタイミングで行います。
- ネガティブな感情から救う安全基地機能がまだ期待できない場合、まず、ポジティブな感情をはぐくむ安心基地の構築、再確認、再構成から始めるということが大切です。

1：感情への支援②

叱っても、その行動がますます増えてくるのは？

❶ 現象

叱っても不適切な行動がなくならないどころか、かえって増えてしまいます。

❷ 原因と意味

叱ることで、その行動が自動的になくなることはありません。強く叱ることで恐怖条件付け、「ガルシア効果」という現象を引き起こします。そんな怖い目に二度とあわないように反応する場合、何度も叱られつづけてこの人には叱られても逆らえないと学習した場合（学習性無力感）、結果として支配—服従関係になった場合には、叱ることでその行動が自動的になくなります。しかし、このような関係で叱る効果を自動的に味わいたい人は、この本を手にしておられないと思います。筆者も同じです。

愛着障害でないこどもであっても、叱るという対応には、その行動がよくない行動であることを知らせ（情報提供）、その行動を一時的に抑止する効果しかありません。その後、「この行動はどんな気持ちのときに自分はしてしまうのか」に気づき、そんな気持ちのときは「別のことをしてその行動をしないでおこう」と思えるこどもには、永続的効果があるように見えるだけです。叱っても大丈夫なのは、この心理的処理ができると期待できるこどもだけです。

愛着障害のこどもは、叱られてもそのときの感情に気づいて、自分で行動を変えることができず、感情混乱を起こすだけです。叱るという正面否定の対応はこどもの感情混乱を引き起こしますが、それでは行動を制御できないのです。それで、叱られても反省していないように見えてしまうのです。また、感情混乱がこどもの不適切行動や攻撃性を誘発する場合もあります。そうなると、叱ればかえってその行動が増えてしまうことになります。

愛着障害のタイプ別に叱ることの問題、叱るとどうなるかを先に解説しましたが、第1タイプの脱抑制タイプの場合には、叱られたこともかかわっても

らったと受け止めて、かかわってほしくなって、むしろ叱られた行動をして、かかわってもらおうとします。叱れば叱るほどその行動が増えます。第3タイプのASD＋ADの場合には、叱られたことが自分の思いと食い違うと、自己防衛のため固まってシャットアウトをしたり、感情混乱が激しくなって、パニック的攻撃をしてしまうことになります。このことを理解していないと余計に叱ってしまうことになってしまうのです。

❸ してはいけないかかわりとは？　適切な支援とは？

◉叱ることでこどもの行動が改善すると勘違いして、「改善されなければ身体でわからせればいい」と、体罰や厳しいしつけを考えるのはまったくの間違いです。結果として、親の不適切なかかわり（マルトリートメント）や教師の不適切な厳しい体罰を生じさせ、虐待や間違った生徒指導につながってしまいます。

◉叱られても反省していないように見えるため、あるいは、黙り込んだことを（第3タイプのASD＋ADの場合）反省していないと勘違いして、叱る対応をすると解離現象に追い込んだり、逆に反撃されてしまいます。

◉愛着障害のこどもでは、叱ってもいい方向への行動変容は起こりません。叱ることで行動は改善されることはありません。特によくない行動をしてしまったときは、叱るという対応が一番相性が悪い状態です。

⇨一旦、違う気持ちに逸らしてから、振り返りとして後で注意喚起することが大切です。

❹ 支援のポイント

・その行動が起こったときに、叱る対応でその行動を止めさせようとはしないこと。
・意識・気持ちを逸らすことで、その行動を止めさせること。
・落ち着いた気持ちになったとき、情報提供できる状態か確認して、その行動をしたときの気持ちを振り返りながら、「今度はこうしようね」と支援します。

1：感情への支援③

褒めているのに、行動が改善しないのはどうして？

❶ 現象

褒めているのに、行動が改善しないのはどうしてでしょう？

❷ 原因と意味

褒められて一瞬、ポジティブな感情を感じたとしても、どの人がいつもそのポジティブな感情をくれるのかを意識できなければ、安心感にはつながりません。だから刹那的反応しかできず、行動が継続して改善していきません。

安心感の源である自己肯定感を養うのが大切ですが、自己肯定感から褒めると失敗しやすいのです（第1章参照）。褒められたら「自分が褒めさせた」と受け止められます。褒めることが単にその子の自己高揚を増幅させているだけでは、褒めたことによる行動の変化にはつながりません。

愛情欲求エスカレート現象が示すように、要求に応えることは、逆効果でしかありません。安心感にはつながらず、愛着の問題を増幅します。要求したのがこどもであって、主導権がこどもにあり、こどもが先手をとっているということがそもそもの原因です。そのこどもが愛着障害であるということは、感情認知、感情のコントロールができない、感情が未発達ということです。その状態で要求に従う、応える対応は、かえって、コントロールがつかない状態に落ち込んでいくことになりやすいのです。

❸ してはいけないかかわりとは？　適切な支援とは？

● その場かぎりの無責任な対応として、褒めても叱ってもうまくはいきません。
⇨いかにして、ポジティブな感情を継続させて、その気持ちを持続できるか、ネガティブな感情は切り離して、その気持ちを切り替えられるか、という感情支援の視点が必要です。
● 自分が自分でいいんだ、自分が好きだという気持ちの自己肯定感を意識した

褒めは、かえって本人の自己高揚を増幅して、支援する人に対する主導権を強め、褒めれば褒めるほど、逆効果になります。
⇨まず、自分はこれをすればこの人の役に立っていると実感する自己有用感を感じられるように、「この役割をして」と役割付与支援（米澤, 2015c；2018a）を活用して（別の現象でかかわり方を解説します）、「先生がお願いしたこの役割をしてくれてありがとう〜ありがとうと言われると嬉しいね」と褒めます。その役割の遂行を確認しながら、どんな効果がでているかを「〜するのが得意だね、上手だね」と褒めて、「自分はこれができるんだ」という自己効力感につなげます。そして最後に、「あなたが役に立とうと立つまいと、あなたがそれを上手にできようとできまいと、そんなこととは関係なく、あなたがあなたでいるだけで大好きなんだよ。自分でも好きだよね」と自己肯定感につながるように褒めるのです。
●こどもに「こうして」と要求されてから、それをする、「褒めて」と言われてから「褒める」のでは遅いのです。これは「後手」を踏んだ支援です。主導権をこどもに奪われてしまった支援は、まず、うまくいくことはありません。
⇨いかにして、先手をとるか、主導権を握って褒めるか、そのためには、要求に応じる形ではなく、こちらで行動を提案して、褒めることが大切です。

❹ 支援のポイント

・ポジティブ感情が継続する支援、ネガティブ感情から切り離す支援を意識します。
・自己有用感→自己効力感→自己肯定感の順に、定型発達とは逆順に褒めます。
・後手支援ではなく、先手支援で主導権をこちらに確保して褒めます。

I：感情への支援④

褒めたのに、パニック的に暴れました。

❶ 現象

こどもが悪いことをしたとき、悪いことを指摘すると攻撃的に反応します。褒めるところを探して褒めたのに、パニック的に暴れました。どうしてでしょう？

❷ 原因と意味

悪いことをしたときに無理によいところを探して褒めても、かえって、悪態をつくことは愛着障害の場合には、よく見られる現象です。もともと、自己否定的で自己評価が低いので、「自分は褒められるはずがないのに褒められた」と受け止めて、その褒めを「まやかし」と評価するのです。

また、普段、家や学校で厳しい対応をされ、感情的に怒られるという不適切なかかわりをずっと受けてきていると、「悪いことをしたときには叱られるものだ」と強く学習してしまっています。ですから、「悪いことをしたのに褒められるのはおかしい」と受け止めて混乱することがあります。これは第3タイプのASD＋ADの場合にしばしば見られます。「悪いことをした＝叱られる」という本人の受け止めの枠組み図式ができあがっていて、それと合致しないことに対して感情的に混乱するのです。

そもそも、「褒められたらどんな気持ちになればいいかわからない」のが愛着障害の特徴です。褒められると怒りだす反応はよく起こります。こうすれば褒められるという一貫した対応がこどもに意識されていないと、大人のいろいろな対応に対して、「嬉しいけれど嫌だ」というアンビバレントな感情が発生しやすくなり、猜疑心が生じて疑心暗鬼になります。褒められることに慣れていないと照れくささも加味され、そうした不安定な気持ちの処理に困って、感情が乱れるのです。単に「頑張ってるね」「よくやったね」という褒め言葉は曖昧なので、褒められたらどんな気持ちになったらいいかわからなくなって混

乱するのです。

❸ してはいけないかかわりとは？　適切な支援とは？

● 褒められたらどんな気持ちになればいいかわからないので、その行為、その結果だけを褒める褒め言葉は、こども任せの無責任な褒め方になってしまいます。何を褒めているのか曖昧な褒め言葉では、どこを褒めたかわからないので感情的に混乱します。ですから、これはしてはいけない対応なのです。

⇨「〇〇はいけなかったけど、△△はよかったね、してくれてありがとう」「△△して褒められると嬉しくなるね〜いい気持ちになったね」と褒める部分をしっかり限定します。「どんな気持ちになっていいのか」を指定して褒めるのが、褒め方のコツです。

● そもそも、よくない行動をこども自身が自分で始発している場合、こどもに主導権がある状態となります。ですから、その状態で、いいこととよくないことを切り分けて褒めても効果はあまりなく、むしろ、行動が激化することが想定されます。こどもに主導権がある状態で、叱る、褒めるなどの感情に関する支援は、できるだけ避けるべきです。

⇨「〇〇に行って□□してしよう！」と、別の行動を一緒にすることを提案して、一旦、場所を移し、こちらが主導権を握って行動を開始して、そこで行った行動を褒めて、ポジティブな感情を確認するのが適切です。「先生と一緒に□□すると◎◎の気持ちになったね」と、誰と一緒ならその気持ちになるのかの愛着対象を明言して、感情のラベリング支援（米澤, 2015c；2018a）をするのが大切です。

❹ 支援のポイント

・何を褒めたのか、褒めた対象の行為を明確にして、褒められたらどんな気持ちになっていいのかという気持ちとつなげて褒めます。
・主導権がこどもにある場合は感情的支援を避け、こちらに主導権を移してから、愛着対象を明確にしながら、一緒に行った行動に感情のラベリング支援を行います。

I：感情への支援⑤

不適切な行動にはどんな対応をすれば？

❶ 現象

こどもが不適切な行動をした場合、叱ってもその行動がなくならないことはわかりましたが、叱らなくてもその行動は減りません。どんな対応をすればいいでしょうか？

❷ 原因と意味

こどもの不適切な行動を叱る対応には効果がないことを確認してきました。叱らない、すなわち、その行動を無視する、取り上げない対応はADHDという発達障害では、その行動を消去できるいい対応です。しかし、愛着障害においては効果がないばかりか、かえってその行動が強まったり、他の不適切行動が増えたりしてしまいます（第1章参照）。それはその行動に「かまってほしい」という思い・感情が関与しているからです。

そもそも、不適切な行動はこどもが先に始めた行動です。ですから先手、主導権をこどもが握っていることを意識して支援することが必要です。

❸ してはいけないかかわりとは？　適切な支援とは？

◉その行動を叱るという対応は感情混乱を引き起こしますし、その行動をなくすことはできません。
◉放置すればその行動は減らないどころか増えてしまい、他の不適切行動まで増えてしまいます。
◉主導権がこどもにある場合、そこから後手で、叱る、褒めるなど、どの感情支援をしても失敗しやすいのです。

❹ 支援のポイント

★その場で不適切な行動が生じたときの主導権を意識した声かけ、叱り方のポ

イントを以下にまとめてみました。
- 主導権を意識した、声かけ、叱り方を心がける（先手をいかにしてとるか）。いずれの場合も誰と一緒にその行動をするかの愛着対象意識を喚起することが大切です。

×その行動を後から正面否定で、「～してはダメ」という叱り方（**後手正面否定**）。

○「先生と一緒に◎◎しよう」と投げかけ、結果、今こどもが先にしている行動をしないでもいい状態にします（**先手奪還支援**）。

×（教室や部屋、家、校園舎、施設からの飛び出し行動に対して追いかけて行って）戻りなさい！という後追いしてその行動を否定する対応（**後追い否定**）。

○「～するために先生と一緒に教室に行こう」と教室に行く目的を明確にして、戻るのではなく別の行動の始発を意識します（**行動始発支援**）。

×床に寝たので、抱きかかえて起こすという、こどもが先に行動して作った状態を後から否定する対応（**状態否定**）。

○「立ってこれを先生と一緒にしよう」（**先手奪還支援・行動始発支援**）。

- 主導権を握ってこどもにいかにかかわれるかには、こども自身がこの人にかかわってもらった（自分がこの大人にかかわらせたではなく）という被関与感を持てるようにかかわることが大切です。
- 注意、叱る言葉に、肯定的表現・前向きな提案が必要なのは、それによって、その後の行動の主導権を握れるからです。
- この主導権は、こどもを支配・服従させる主導権ではなく、こどもの自立を助けるために、その基盤を作る作業としての主導権であることを忘れないこと。したがって、いつこの主導権をこどもに返していくのかという、先を見通した支援が必要です。叱るという支援そのものに、それは期待できないことを意識して使用することが大切です。

I：感情への支援⑥

こどもに主導権を取られて愛情欲求された場合、どうすればエスカレート現象を防げるでしょうか？

❶ 現象

　こどもに先に主導権を取られて愛情欲求された場合、どのような対応をすれば、愛情欲求エスカレート現象を防げるでしょうか？

❷ 原因と意味

　そもそも、なぜこどもが「これして」と主導権を取って要求したことに応えても、安心感・信頼感につながらないのでしょう？　それは、こどもが要求したときにそれに応えて、少しポジティブな感情を感じても、それが一瞬の、刹那的快感としてしか感じられないので、「今回は応えてくれたが、それはたまたまかもしれない、いつも応えてくれるとは限らない」と受け止められて、逆に不信感や疑心暗鬼を生んで、要求をエスカレートさせたくなり、愛情欲求エスカレート現象を生むからです。

　その愛情欲求をしてもいい対象が家庭に学校園所、施設に複数いて、誰でもかかわってくれる状態は、誰にかかわるかをこども自身が決めることができる状態であり、主導権をこどもに与えている状態になります。これでは愛情の摘まみ喰い現象を引き起こし、愛情欲求エスカレート現象が増幅するだけです。

❸ してはいけないかかわりとは？　適切な支援とは？

●こどもとかかわる人の誰もが皆、自分の思いだけで勝手にかかわってしまう。
⇨愛着対象としてこちらがその対象を決めることも、主導権を取る大切なポイントとなりますから、こどもを愛着対象としてのキーパーソンを家庭で学校園所で施設で、まず決めてから対応することが、主導権をこどもに奪われないためにも、まず絶対に必要な支援体制となります。これをしないで実施した支援は、まず成功することがありません。

●こどもの要求に、後から応える対応をしてはいけません。

⇨いつも先手の対応、主導権を確保した支援を心がけるのが大切です。一緒にしようと先に誘ってくれて、したいことをどんぴしゃに的中させてくれる存在、そしてそれを一緒にしたら褒めてくれ認めてくれる存在、そうしたポジティブな感情にいつも誘ってくれる機会を提供してくれる存在、その存在となる人こそが、自分にいつも安心感を与えてくれる安心基地であり、その人こそ、自分をわかってくれる、信頼できる人だという信頼感につながるのです。「いつも一緒・いつも同じ」の安心感の確認こそが必要なのです。

❹ 支援のポイント

★こどもに先に主導権を取られて要求されてしまった場合、どのような対応で主導権を握り返せるかのポイントをまとめてみました。

●主導権を確保するための支援

「先に誘う・先生と一緒なら」：先生と一緒にこれをしてみようと誘う。何がしたいと聞いてはいけない（先手支援）。

　例）「先生と何して遊びたい？」と聞いてはいけません。こちらから、関係ができていれば、「これをしよう、したかったよね～」と誘います。できていない場合は、「これをしてみない？　とっても楽しいよ～」と誘います。

　例）抱きつかれる行動が多い場合、先にこちらからスキンシップをするために、腕をさする、肩や手をタッチするという、ふれる支援、タッチ支援も効果的です（山口, 2019参照）。

⇨身体接触そのものを禁じている施設もありますが、要求に応じた身体接触が不適切なのです。こちらが主導権を取った先手の身体接触こそ愛着形成に効果的です。

●「別の行為に置き換え」

こどもに先に要求されたら、その行為を一度だけインパクト強く感じるように実施し、この気持ちを感じるにはこっちの方がいいよ、と違う行動に誘います（感情確認後、感情連結された代替行動支援）。

　例）抱っこ～とせがまれたら、強くぎゅっと抱きしめた後、「気持ちよかったね。あのね、先生と今度は握手しよう！　握手すると、とっても気持ちいいんだよ」と違う行動に誘います。

● 「好きな作業に誘ってからステップアップ」
　提案したこと、誘ったことをしたがらないときには、その提案がミッションが高すぎてこどもの現状・感情と乖離しすぎているので、「それならしてもいい、したいと思える行動」を間に挟み（媒介行動）、そこで発生したポジティブな感情を確認してから、最初の提案したかった行動を提案します（媒介行動と感情連結されたスモールステップ行動支援）。

　例）「一緒にお料理しようか」と誘っても乗り気ではなかったら、「じゃあ、先生とお店屋さんごっこしよう〜前もこれして楽しかったからね」と、してもいい行動に誘います。そして、「楽しいね〜このお菓子屋さんで売ることができる本物のお菓子、先生と作ってみようか」と誘います。「お菓子作ると、やっぱり楽しいね」とポジティブ感情を確認します。

● 「予知していたよ〜そろそろかなと対応」
　不意をつく要求や、情報収集していなかったことを要求されたときに、つい、認めてしまったり、「どうしたの？」などとこどもに聞いてしまうのは、主導権を奪われた支援になるので、どんなに意表をつかれても、知らなかったことでも「それそろそろ言ってくるころだと思っていたから、やっぱり来たね！」と予期していたかのように振る舞います（予期・既知を装う主導権支援）。

　例）「先生、さっきの怪我、また痛くなった。包帯巻いて」といきなり言われた場合、「どこで怪我したの？」「どんな怪我だったの？」とこどもから情報収集しては主導権を完全にこどもに握られてしまい、何を言われても信じるしかなくなってしまいます。その要求に応えれば、じゃあ、「保健室に行きたい」など、要求がエスカレートします。「そろそろ、そう言いにくると思ってたよ、やっぱり来たね」と少し汚い手ですが、どんな場合でも知らなくても使える対応をして、一旦、主導権を握ります。その上で、「この怪我はこうしよう」とその主張で主導権を取り返すか、違うことに誘ってその主導権を握ってから、怪我のことはこうしようと誘う方がいいかどうかを判断します。

⇨ 主導権をこどもが持っている場合の対応は後手を踏みやすいので、まず、自分の立ち位置として主導権があることを宣言するための方便として、利用できる対応です。

● 「アピールへの対応」
　そのアピールに反応したり、アピールを受け止めたりしてはいけません。また、

無視してスルーしてもいけません。「〜しようと思ったんだね、だったら○○しよう！」と提案します（感情認知後の別行動提案支援）。

◉「勝手な行動をした際の対応」
　それはしてはダメ、と後から否定した対応はしてはいけません。一方、それをしてもいいよと許容しては、自己高揚を助長してしまいます。「これだけはしていいからこれして〜、これだけすると気持ちいいよ」と部分許可をします（行動限定感情確認支援）。

◉「行動選択の支援」
　どれにする？とこどもに聞いては主導権を譲ってしまうことになります。「これをして」と誘ってもどの誘いにも応じない場合、こどもの前で、おもしろそうに大事そうにある行動を始めてから、「これをちょっと手伝って」と、その行動に参加しやすいように誘います（部分的参加支援）。

　★主導権支援の意味と他の支援法との違いについてまとめてみました。
◉大人主導の働きかけは、後手支援にならないために、主導権をこどもにいつも預けてしまわないために必要な支援であり、これには愛情欲求エスカレート現象を防ぐ効果があります。「できるまで待つ」というこどもの成長に期待する対応は、愛着障害のこどもには合いません。これは、決して、こどもを上から支配するものではなく、こどもが安心して自立してくために、一旦、主導権を預かる自立支援であることを忘れてはいけません。

◉行動療法、応用行動分析、認知行動療法だけを行っても、愛着障害には成果があまり出ません。成果が出た場合は、実は、支援者が知らず知らずのうちに感情支援をしている場合です。したがって、最初から感情を意識する感情のラベリングをしながら、この行動とこの行動、あるいは、この認知とこの認知のとき、生じている感情が同じであることを確認する支援をすれば、支援が成功しやすくなります。

Ⅰ：感情への支援⑦

カウンセリングマインドに則った支援がうまくいかない理由。

❶ 現象

　他の専門家からアドバイスされた、「こどもを受容する」「こどもの話をしっかり傾聴する」というカウンセリングマインドに則った支援がうまくいかないのはどうしてですか？

　また、心理教育プログラムやソーシャルスキルトレーニングの支援をした場合、そのセッション学習はうまくいっても、普段の行動が改善しないのはなぜでしょうか？

❷ 原因と意味

　受容・傾聴というカウンセリングマインドに則った支援がうまくいかないのも愛着障害の特徴ですが、この愛着障害に合わない対応をアドバイスする専門家もおられます。愛着障害をよく知らない専門家は、どんなこどもにも受容や傾聴対応が効果があると思い込んでいるのです。これでは専門家と称する資格がないと言わざるを得ないでしょう。

　間違った要求を受容しても、安心感にはつながらないことは愛情欲求エスカレート現象が示すとおりです。要求しなければそれに応じてくれないのでは、安心感にほど遠いからです。命令を受容しても要求はただエスカレートするばかりです。なのに、こどもの要求にはすべて応えるようにとアドバイスされる方がおられるのです。

　傾聴は、自分で話し、聞いてもらうことで、自分の気持ちに気づける人には有効な支援です。しかし気持ちを受容しようと傾聴しても、自分で自分の気持ちに気づけない愛着障害の場合には、傾聴という対応が、かえって、感情混乱を生じさせるのです。傾聴の対応をしようとすると、「わかってないのか？」とか、「いくら話してもわかってくれないよ！」という反応が返ってくることが、そのことをわかりやすく示しています。愛着障害のこどもには、傾聴の態

度はわかってくれないという思いを増幅させるだけなのです。傾聴は心理専門家が大事にしてきたかかわりですが、傾聴という方法にこだわらず、何が必要な支援かを考えれば、その子に合う支援が見つかるはずです。

　心理教育プログラム・ソーシャルスキルトレーニング（SST）が愛着障害の支援に効果がないのも当然です。愛着障害のこどもは、人を見てその対応を変えることが得意です。愛情試し行動もその現れです。そうしないと安全・安心を確保できないからです。筆者も、外からの観察者がいるときはいい子を演じるが、普段の行動は大変だというこどもにたくさん出会いました。普段の様子が観察時に出ていなくても、いろんな聞き取り情報からその子を理解する必要があるのです。セッション学習ではちゃんとできるのに、普段の行動の変容につながらないのは当然です。というのは、セッション学習時だけいい子を演じているからです。愛着障害の支援には、こうしたセッション学習ではなく、普段の支援に落とし込んだ支援（筆者の愛着修復プログラムARPRAMはそこを意識して構成）が必要です。

❸ してはいけないかかわりとは？　適切な支援とは？

●こどもの要求を受容する、傾聴する支援は、愛情欲求をエスカレートさせ、感情混乱を助長するだけの、してはいけない支援です。
⇨こどもの気持ちは受容すること。傾聴しなくても、「気持ちはわかるよ」というかかわりを意識することが大切です。
●心理教育プログラムやSST学習の般化に期待するセッション学習による支援は成功しません。
⇨普段のかかわりをとおして、感情支援による安全・安心の基地機能づくりをすることが必要です。

❹ 支援のポイント

・愛着障害には受容・傾聴という後手の支援は適しません。安心感の創出こそが必要な支援であり、そのためには感情理解が必要です。
・愛着障害には普段の活動に落とし込んだ感情支援が必要です。

I：感情への支援⑧

キーパーソンを中心にした支援体制はどう作るのか。

❶ 現象

特定の人としてのキーパーソンとのかかわりによって愛着形成・修復することが大切とのことですが、それはどうしてですか？

また、キーパーソンを中心に学校園所、施設、家庭でどのような支援体制を作ればいいのでしょうか？

❷ 原因と意味

愛着形成とは特定の人との安全基地・安心基地・探索基地の形成ですから、この人こそが特定の人であるというキーパーソンとの関係が一番、安全・安心であると、こどもが感じない支援は成功しません。

キーパーソンを軸に支援体制が構築されていない場合、個々の支援がいくら適切であっても、それがバラバラに勝手な意図でなされていた場合、愛着修復支援は成功しません。

❸ してはいけないかかわりとは？　適切な支援とは？

●キーパーソンはいつもこどものそばにいなければならず、こどもにかかわるのはキーパーソンだけ、他の人はかかわってはいけない、と考えるのは間違いです。キーパーソンとはその子のことを一番知っている人です。いつも一緒にいることは必要ではありません。またキーパーソン以外の人がかかわってはいけないわけではありません。キーパーソンのコントロールができる状態で、かかわっているかどうかが大切なのです。それができていないと、愛情の摘まみ喰い現象が生じます。

●キーパーソンがこどもにとって「一番大切な人」であること、誤解を恐れずに言えば、愛着障害のこどもにとって大事なことである「一番偉い人」であることを脅かす対応や、その地位を貶める対応をしてはいけません。こどもは自

分が頼っていい人は誰なのかわからなくなって混乱します。キーパーソンより発言力がある人がいるように見えると、こどもはキーパーソンの言うことを信頼できなくなります。誰であっても、こどもとキーパーソンがいる前で、こどもに勝手な行動、かかわりをすることは絶対にしてはいけないのです。

⇨日頃の地位・経験年数にかかわらず、こどもの前では、キーパーソンがこどもに対して、一番の権威ある地位、一番の影響力を行使しうる地位であると示すことです。こどもにとってのキーパーソンの地位を低下させないことが大切です。具体的には、キーパーソン以外の人は、必ず、キーパーソンに確認して、許可を得てから支援をし、かかわった後は、必ずキーパーソンに報告して了承を得ます。これをこどもの前で見せることが大切です。

●キーパーソンの思いとは食い違うかかわり、キーパーソンと確認されていないかかわりを誰かが勝手にしてもいい、とされている体制では、それぞれの支援がこどもにとってはバラバラに映ってしまって混乱します。

⇨キーパーソンの指示に基づいて、支援チームを構成します。チームは学校園所・施設・家庭のメンバー全員であることが望ましいでしょう。同じ場所にキーパーソンの思いと違う対応をする人がいると、こどもは混乱しやすいからです。ただ、全員の理解が得られないときには、少数のチームで限定的に支援しても、チームに所属しないメンバーによる影響を最小限に抑える確認をしていけば大丈夫です。

⇨チームのメンバーはキーパーソンの指示に従って、役割分担して、こどもに対する対応を限定することが大切です。こどもの前で、キーパーソンの指示・許可を得てから、こどもとかかわり、かかわりの後、できるだけこどもと一緒にキーパーソンに報告して、その行動と感情を認められるように、こどもに見せることが大切です。

❹ 支援のポイント

・キーパーソンを中心にして、キーパーソンをリーダーとするチーム支援が必要です。
・特に、こどもの前では、チームリーダーであるキーパーソンの地位が明確に最上位であることを示すことが大切です。

Ⅰ：感情への支援⑨

「親や、キーパーソンを独り占めしようとする」行動にはどう対応すれば？

❶ 現象

特定の人を決めて支援すると、その特定の人であるキーパーソンを独り占めしようとします。

親としても第2子が誕生すると、第1子（上の子）が嫉妬して、親を独り占めしようとする行動に出るので困ります。

❷ 原因と意味

こどもの愛情欲求行動に応じようとする後手の支援をすれば、こどもの独占欲求をかえって強めてしまい、独り占め行動が増えることになります。

このような子育てに関するご相談も多くいただきます。まず、パターンとして、第1子は第2子以降のこどもが誕生することで、それまでの親との1対1、独占的な関係が壊れたと受け止め、そのことで親が疎外的になったと思ってしまって、親を独占しようとするのです。

❸ してはいけないかかわりとは？　適切な支援とは？

◉独占欲求を拒否すると、かえって不安になり、独占したい気持ちを増やしてしまいます。独占欲求をしないように先に注意したり叱ったりしても、安心感を脅かします。特に、第1子は親の対応が今までと変わったと感じやすくなり、不安感が増幅します。

◉かといって、独占欲を満たそうとすればするほど、独占欲求はエスカレートしていきます。

⇨要求しなくても、いかにしてキーパーソンと安心感が生じていたかを確認できればいいのです。そのためには、その子と二人だけの一緒の活動をする時間と場所が必要です。

親御さんの相談には、「上の子アワー」「上の子デイ」という支援をお勧めし

ています。下の子といつも一緒で、いつも我慢させられる上の子とだけの二人きりの時間をしっかりとることが大切です。しっかり１対１の関係を確認することで安心基地の確認ができ、ポジティブな感情を愛情エネルギーとして貯めることができるからです。コツは、そのときに生じたポジティブな感情を確認して、またそれをすることを約束して終わることです。その経験を糧にして、もう一度、それをすることを目標にして、こどもは頑張れるからです。

⇨上の子にも、愛着障害のこどもにも、親が、キーパーソンが役割を与える役割付与支援が効果的です。たとえば、親に頼まれて、まず、親の手伝いをして褒められる経験をし、下の子の世話も母親から褒められることであると役割を広げていき、下の子に対するネガティブな感情をも変えることができるのです。もちろん、独占欲求はなくなります。

　ある愛着の問題を抱える小学生がいました。小学校では適切な役割を見つけられずにいて、感情混乱が多発したので、学校に来たら、まずキーパーソンの先生と確認して、併設されている幼稚園に出かけて行って、そこで小さい園児さんの世話をするという役割をもらって活動してもらいました。幼稚園の先生に褒められることで、キーパーソンの先生に褒められ、感情安定につながるという事例がありました。

❹ 支援のポイント

・ポジティブな感情を感じるキーパーソン、親との一緒の二人きりの場所、作業を確保し、そのときのポジティブな感情をしっかり確保することが大切です。
・役割を与えてポジティブな感情を確認する役割付与支援が効果的です。

I：感情への支援⑩

誰がキーパーソンになればいいのでしょうか？

❶ 現象

　誰がキーパーソンになればいいのでしょうか？　誰でもなれるのでしょうか？　キーパーソンとして気をつける大切なことは何ですか？
　キーパーソンが常時かかわれない場合に、キーパーソンとキーパーソン以外のチームメンバーとの連携のコツを教えてください。

❷ 原因と意味

　キーパーソンはこどもの安全基地・安心基地・探索基地です。そのことを意識して、キーパーソンを決める必要があります。こどもに主導権を委ねると、こどもは安心感を持てませんので、こどもに誰がキーパーソンがいいかを聞いてはいけません。しかし、こどもの思いをまったく無視して、こどもに合わないキーパーソンを決めてもいけません。こどもに問うても、こちらで勝手に決めても、こどもは安心感を感じないことを踏まえた決定、支援が必要です。
　安全・安心にはこどもの気持ちを受容した主導権の確保が必要です。このことを踏まえたキーパーソンの支援とチームの支援体制が必要です。

❸ してはいけないかかわりとは？　適切な支援とは？

◉血縁関係がなければキーパーソンになれないということはありません。
⇨キーパーソンは親でなくても、親族でなくても誰でもなれるものです。
◉こどもにキーパーソンを決めさせてはいけません。支援の最初から一番大事なことを決定する主導権をこどもに委ねることになり、支援が成功しなくなります。
⇨キーパーソンは支援する側でこどもの気持ち、相性を配慮しつつ決定します。

❹ 支援のポイント

★キーパーソン決定の際に大切なポイント、キーパーソンが心がけるべきことをまとめてみました。

◉「キーパーソンは誰でもなれる」

キーパーソンは親でなくても、親族でなくても誰でもなれるものです。しかし、キーパーソン選択時に一番大事なのは、こどもとかかわるチャンスが多い人ほどキーパーソンになりやすいということです。したがって、週1回しかかかわらないスクールカウンセラーや午前中だけ支援する支援員の先生がキーパーソンになるのにはハンディがあります。しかし、他のチームのメンバーの協力があればなることが可能です（キーパーソン不在時にも他のメンバーがキーパーソンの指示どおりかかわり、その報告をこどもの前でします）。また、いつもかかわるチャンスがあるクラス担任や担当の施設指導員も、キーパーソンに最適ですが、担任・担当は対象の愛着障害のこどもだけではなく、他のこどもの担任・担当でもあるので、チームの支援を上手に活用する必要があります（リーダーの指示どおりに動くメンバーの役割分担支援）。クラスや施設に複数の愛着の問題を抱えるこどもがいる場合も、担任・担当がそれぞれの子のキーパーソンもしながら支援するのは難しいのですが、これはチーム支援の工夫で乗り切ることができます（**チームの役割分担支援**）。

◉「キーパーソンが心がけること」

［主導権］と［受容］のバランスが大切です。この2つはややもすると対立しやすく、どちらかが得意な人はもう一方が不得意であることが多くあります。しかし、キーパーソンはこどもの気持ちを必ず理解し、それを受容する必要があります。かといって、それをこどもに尋ねるという対応をしては、安心感につながりません。そこで必要なのは主導権です。問わなくても気持ちはわかっている、こどもが何がしたいかわかって、それを先手で誘うことが必要です。こどもの思いを無視した主導権であってはならないのです。このバランスを両立させるためには、自分の苦手な方を自覚して、それを意識して対応するのがコツです。受容が苦手な人は受容を意識して、主導権を取るのが苦手な人は主導権を意識して、支援するといいでしょう。

● 「主導権の確認支援」

　こどもの活動中にそばに行って「先生と一緒だとできるね」と確認して、「すぐ来るからそのまましてね」と言い、すぐにこどもが予期したのより先に戻って、できていることを確認して感情ラベリングをします（**すぐ戻るよ支援**）。こうした動線を意識した授業構成、活動支援が必要です。

● 「キーパーソン決定と愛着障害の強度の関係」

　誰がキーパーソンになってもいいのですが、もう1つキーパーソン選びで大切なのは、こどもと相性が合うかどうかです。キーパーソン自身がこどもとかかわってみて、修正していくことが可能ですが、一般的な相性については、次のとおりです。

　［愛着障害の強度が強いほど、より個別性の高いキーパーソン］：クラス担任より支援学級担任、保健室の養護教諭、担当の加配教員や支援員、管理職など、より個別支援がしやすいキーパーソンが向いています。

　［脱抑制タイプには、主導権を握るのが得意なタイプのキーパーソン］：愛情欲求エスカレート現象を防ぎ、かまってほしい気持ちに対応することができます。

　［抑制タイプには、受容が得意なキーパーソン］：そばにいても大丈夫な雰囲気があり、気持ちをそっと察知した支援が可能です。

　［ASD＋ADの第3タイプには、いなし受容タイプのキーパーソン］：主導権タイプは相性が悪いことが多くあります。受容といっても、真正面からの受容ではなく「それもいいよ」の対応で、こどもが「これでもいいか」と感じる関係でつながれる存在が相性がいいようです。

　★キーパーソンとキーパーソン以外の連携のあり方を［つなぐ支援］としてまとめてみました。

　キーパーソン以外のメンバーは［勝手な］かかわりはしません。しかし、［かかわらない］とこどもが拒絶感・疎外感を感じるのでキーパーソンをとおしてかかわります。キーパーソンをとおしてかかわるには、3つの［つなぐ支援］と［情報集約］を意識します。

　［つなぐ①］こどもの要求、かかわりがあれば、「それは○○だよ」とキーパーソンにつなぎます。こどもが小さければ直接、連れていきます。年齢が高ければ、口頭で伝えます。

　［つなぐ②］つなぎ先のキーパーソンが不在だったり、授業や他の仕事で手

が離せないときは、緊急対応しますが、対応したままにせず、必ず、事後にキーパーソンに報告します。こどもが小さいときはこどもを伴って一緒に報告します。年齢が高ければ、伴わなくても大丈夫です。叱った対応をしたときは、できるだけすぐつなぎます。「こどもがこういうことをしたところ、叱ったのでこういう状態になっているので、すぐ対応してほしい」と伝えます。

　［つなぐ③］　キーパーソンの指示・許可を得て、こどもとかかわった後、かならず、キーパーソンに報告して（できるだけこどもを伴い）、了承され、感情の確認（これをしたら楽しそうでした。～して楽しかったよね）をします。連携を密にして、先に別ルートで、こどもとの活動内容をキーパーソンに伝えておき、キーパーソンから「〇〇先生と～して楽しかったらしいね」と先に言いあててもらってから、「そうなんです、～して楽しかったね」と報告できると、効果が大きくなります。

　［情報集約］　どんな些細な情報でも見聞きしたことは、すべてキーパーソンに伝えて情報集約することで、キーパーソンがその子のことを一番知っている人になれるようにします。キーパーソンはその情報によって、こどもに聞かなくても「知ってたよ」と主導権を確保した支援をすることが可能になります。

　★キーパーソンだけでなく、キーパーソンがいないとき、誰がその代わりになるかというサブキーパーソンを二番手、三番手（キーパーソンも二番手のサブキーパーソンもいないとき）まで作っておくと安心の体制となります。以下にサブキーパーソンの作り方をまとめてみました。

● ［サブキーパーソンの作り方］
　⓪　他のメンバーがこどもと一緒にキーパーソンに報告して、キーパーソンに褒めてもらう（つなぐ③）支援を普段からしておきます。
　①　キーパーソンの主導権でこどもが行動するところをサブキーパーソン候補に見せる。一緒に参加（三人で一緒の活動）してもらい褒めてもらいます。
　②　サブキーパーソン候補にこれをしてもらいに行こうとキーパーソンが指示して一緒に行って、あらかじめサブキーパーソン候補にこうしてくださいと伝えておいて、それをしてもらって一緒に参加（三人で一緒の活動）してもらいキーパーソンに褒めてもらいます。
　③　こどもがサブキーパーソンのところに何かをしてもらいにいく後ろからキーパーソンがついて行って、サブキーパーソンに褒めてもらってから、キーパーソンに同じように褒めてもらいます。

④ ③のキーパーソンに褒めてもらう部分だけ、こどもが自分でキーパーソンのところに帰ってきてから褒めてもらいます。

⑤ こどもはキーパーソンと確認後、自分でサブキーパーソンのところに行き、そこでの結果を、帰ってきてキーパーソンに報告して褒めてもらいます。

注）これで完成ですが、ここまでするのは、キーパーソンとの関係が完全にできた後、ARPRAM 支援の第3フェーズ「他者との関係づくり」支援（米澤, 2015c；2018a）で行うもので、支援当初から行うには、②の段階まで行えばいいでしょう。

★キーパーソン交替時のポイントも紹介しましょう。

サブキーパーソンが新しくキーパーソンになった場合、あるいは、ARPRAM 支援の第4フェーズでの「受け渡しの儀式」（米澤, 2015c；2018a）後、新しくキーパーソンになった場合、いずれの場合も、新キーパーソンは、旧キーパーソンと同じ対応であることを強調すれば、キーパーソンになりやすくなります。「キーパーソンの先生とも、これをしたよね。同じだよね」「キーパーソンの先生とこれをしたときも嬉しい気持ちになったけど、今もこれを一緒にしたら嬉しくなったね、いっしょだね」と。もし、キーパーソンのときとは違うとこどもから指摘されたら、「それはあなたが成長したからだよ、嬉しいね」と前向きの変化であることをフィードバックします。指摘されてうろたえてはいけません。そうすると「やはりキーパーソンと違う」と、こどもを不安に陥れることになります。

次からは具体的行動を取り上げて、その原因と意味、支援について、確認していきましょう。

Ⅱ：行動・現象への支援①

親が送ってきて、帰ろうとすると「帰らないで」と泣き叫びます。

❶ 現象

　親と離れられず、登校園所で渋り、親が送ってきて、帰ろうとすると「帰らないで」と泣き叫びます。これらが昂じて、不登校園所状態となります。

❷ 原因と意味

　これは母子分離不安という現象です。安全・安心基地ができあがれば、そこから離れても安全・安心という意識を持って一人で行動でき、学校園所に登校園所することができます。母子分離不安とは、そこから離れると安全・安心を感じられず、不安になってしまう現象です。この不安を増幅しているのは家と学校園所とでは、場所、そこにあるモノ、そこにいる人すべてが変わること、状況が変化することへの不安なのです。

❸ してはいけないかかわりとは？　適切な支援とは？

●無理矢理の母子分離をするのはお勧めできません。ベテランの保育士、教師ほど、送ってきた親が帰ろうとして激しく泣いても、親に帰ってもらうと、けろっと泣き止む場合が多いことを知っておられて、そのような対応をしますが、こうした無理矢理の母子分離が後に禍根を残し、小学校以降、母子分離不安の延長線上にある、基地分離不安から不登校になるというケースによく出会うからです。
⇨**丁寧な母子分離儀式**が必要です。以下にその流れを紹介します。
①学校園所でのキーパーソンを決め、その人がいつも親からこどもを受け取るお迎えをする。送ってくる人も同じ人に固定する。
②キーパーソンと送ってきた親とこどもとで毎日、一緒に同じ活動をする。［同じ人＝安心＋同じ活動＝安心の気持ち］を確認する。
③そこから、親がさよならしても、キーパーソンと同じ活動をする。親が安全

避難基地にならないよう、キーパーソンとのかかわりを親が好意的に見守り、そのようすに肯定的な声かけをする。
◉不登校園所状態になったときも、愛着障害が原因なのであれば、登校刺激を与えないという対応はしてはいけません。登校刺激支援が合わないのは、無理に登校しようとして疲れてしまった状態のこどもへの配慮なので、不登校のタイプによって対応を変える必要があります。
⇨不登校状態になってしまっている場合の対応の仕方を以下に示しましょう。
①キーパーソンの先生を決めて、その先生が家庭訪問して親とその子と一緒にある活動をともにする（お絵かきなど）。それを親から褒められ、先生から褒められ、「先生から褒められてよかったね」と母親から再度褒められるという経験をします。
②この活動を学校でもしてみようと誘い、抵抗のない時間帯（放課後など）で試行するよう先生から誘い、親も一緒に行くからそうしようと誘います。
③親が学校に送ってきて、先生と一緒にまたその活動をし、同じことをして褒め合います。
④親はそこにいるままで、その活動には参加しないで、先生とだけその活動をします。先生に褒められ、先生に褒められたことを親によかったねと褒めてもらいます。
⑤親が帰った後、それを先生とまたして、おうちで報告しようと、すぐに帰宅します（教師が送っていけるといい）。
⑥親が帰った後、その活動だけではなく、別のことも少ししてから、それを報告しようと促して、帰宅します。
⑦親が朝、家でその活動をした後、これを学校で先生としようと送ってきて～ここからは前述の丁寧な母子分離の儀式に移行します。

❹ 支援のポイント

・違うことへの不安は「同じ」を意識できる状況を用意し、「何が同じか」を確認して解消します。
・スモールステップで、同じものを少しずつ減らして適応していきます。

Ⅱ：行動・現象への支援②

お迎えが来ても帰りたがりません。

❶ 現象

学校園所で放課後やお迎えが来ても家に帰りたがらないのです。

❷ 原因と意味

　家に安全基地機能が欠如していて、こどもにとっては安全でないと感じて忌避して帰りたがらないのは、一番深刻な愛着障害です。おうちでの対応に、非常に厳しい叱咤、身体的虐待、心理的虐待があって安全ではない場合も想定しないといけません。

　また、家の安心基地機能が働かず、愛情エネルギーをもらえるところでなければ、帰る必要がありませんから、やはり家には帰りたがりません。ネグレクトでかまってもらえない場合もそうです。家に探索基地機能も期待できず、帰って学校園所でのことを報告したいという気持ちになれないことも、これに加味されます。

　保育所、幼稚園でよく見られるのが、「お迎え逃避」現象です。待ちに待ったお迎えなのに、こどもはすんなり帰らず、逃げ回って、親御さんはその後を「待って～早く帰るよ～」と追いかけます。これは、愛情欲求行動の「注目されたい・アピール行動」です。親としても自分の子を間違えずに連れて帰らないといけませんから、こどもの方をしっかり見ます。

　残念なことに、こどもにとって、「1日のうち一番親がこっちを向いてくれている」と感じるのが、このお迎えの瞬間なのです。すんなり帰ってしまえばこの楽しい時間はあっという間に終わってしまいます。

　これは、わざと逃げてこっちを向いてもらい続けたい、というこどもの切実な思いの現れです。もう少し不安が高くて、愛情試し行動として、自分が逃げても親は追いかけてくれるかどうかを確かめたい場合もあります。その両方の場合もあります。

ASD＋ADの第3タイプで、あるモノ、人、あるいは特定の言葉や行動に焦点化された認知が発生して、その人が迎えに来ると帰らない、その先生が親に引き渡そうとしたときだけ帰らない、ある言葉かけをされると帰らない、あるいは、ある言葉かけをしないと帰らない、お迎えにあるモノを親が持ってくると、あるいは、持って来ないと帰らないというようなことも起こります。ある場面でそれがあったとき嫌なことが起こった、という曲解によることが多くあります。また、それがないと帰れないというのは、こだわりなのです。

❸ してはいけないかかわりとは？　適切な支援とは？

◉無理に帰らせようとすることは、こどもを追い込むだけで、ネガティブな感情を発生させますから、適切なかかわりではありません。
⇨虐待が疑われたり、家での安全・安心・探索機能が期待できない場合、もちろん、通報など、諸機関との連携は当然、必要ですが、逆に学校園所が、安全・安心・探索基地となって、こどもにとっては、あまり行きたくない家庭に「送り出し」、次の日、帰ってくるのを「迎える」という逆転の意識を持つことが大切です。どこかに基地があれば、こどもは活動するエネルギーを得ることができます。家庭の対応を批判しても始まりません。伝えて変わってくださる家庭でしたらアドバイスもできますが、期待できないときは、この気持ち覚悟で基地機能を担うことが、一番の支援となりうるのです。
◉無視する、取り合わないという対応は愛着障害のお迎え逃避であれば、かえってその行動を増やし、他の注目行動をエスカレートさせてしまいます。
⇨安全・安心の引き渡しを意識した**丁寧なお迎え儀式**をします（前項の丁寧な母子分離儀式と同じで受け渡しをいつも同じ人として、3人で同じ活動をして引き渡す。学校が逃げ込む場所である安全避難基地になると、かえって帰れなくなるのでそうならないようにに留意します）。

❹ 支援のポイント

・学校園所がこどもの安全・安心・探索基地になり、家庭に送り出し迎えをします。
・安全・安心の引き渡しのための丁寧なお迎え儀式をします。

Ⅱ：行動・現象への支援③

学校園所で普段は攻撃的でないのに、母親の前だけで暴れます。

❶ 現象

学校園所で普段は攻撃的でないのに、母親の前だけで暴れるのです。

❷ 原因と意味

　一番、親にとって深刻なのは、母親に対する安全基地感の欠如があり、その安全でない相手である母親を攻撃している場合です。母親の対応として、いつも厳しく叱ったりしていることが想定されます。ただ、比較して安全基地である先生がいるから攻撃できていることもあり、まだ救われます。

　そこまで、明確に母親に対して攻撃していなくても、嫌な気持ちをモノにぶつける（モノを投げる、モノに体当たりする）、一人で暴れるという現象はよく見られます。これは間接的攻撃と呼ばれるもので、嫌な気持ちを直接の原因ではなく、別のモノにぶつける攻撃です。攻撃は弱い相手である年少者に向けられることもあります。間接的攻撃の一種に、親が早くするよう促しても、わざとぐずぐずして、素直に言うことを聞かないことがあります。受動的攻撃というもので、これも攻撃行動なのです。その嫌な気持ちは母親が原因のこともありますが、学校園所にある場合もあります。

　母親に対して、安心基地感が欠如していて、注目されたい・アピール行動として、暴れるとかまってもらえる、こっちを向いてもらえると思ってする場合もしばしばあります。

❸ してはいけないかかわりとは？　適切な支援とは？

●その攻撃行動を制止しようとしてはいけません。いずれの場合でも、嫌な気持ちが原因ですから、感情混乱を起こし、爆発する場合もあります。
●いずれの場合でも、スルーする、無視する対応は、その攻撃を増幅するだけです。安全基地でない場合は、チャンスとばかり攻撃するでしょうし、ネガ

ティブな感情で攻撃しているのを放置されたら、「やっぱりわかってくれない」「助けてもくれないのか」という疎外感も加わって攻撃が激化します。安心基地の問題の場合は、前述のとおり、もっと激しく攻撃することで、こちらを向いてもらおうとするからです。

⇨母親の前での攻撃行動を防ぐには、キーパーソンを設定して、学校園所での安全・安心基地づくりに力を入れ、そのキーパーソンとお迎えの前なら、母親の前に行く前に一緒の行動をして、ポジティブな感情を確認し、それを母親の前でもしよう、あるいは、そのことを報告しようと誘います。母親には、いきなりこどもに出会わせず、事前に、一緒の行動の内容を伝え、「〜して楽しかったんだよね」と言うようにお願いします。母親が送ってきた場合は、キーパーソンは「これをしようと待ってたよ」とすぐに受け取り分離して、一緒の活動を始めればいいでしょう。

❹ 支援のポイント

・安全・安心基地による先手の感情支援が攻撃行動の発生を防ぎます。
　★不登校の背景にある愛着の問題についてまとめておきましょう。

　どの不登校においても、登校義務感の昂進化が原因の不登校支援である、登校刺激禁止対応に終始してはいけません。いじめを原因視する不登校の原因分析も表面的に過ぎます。不登校の背景、行きたくないという思いの背景には、それがたとえ学校に原因があるように訴えていたとしても、究極の原因として、安全基地・安心基地基盤欠如感があります。そこから離れて一人で行けないのは、安全・安心基地が機能していないからです。きっかけは学校の問題でも、それを乗り越えて報告する探索基地機能が機能していないから、行けないのです。探索基地の問題は意欲のなさ・生活リズムの乱れをも生じさせるので、ますます、こどもは学校に行けなくなるのです。

II：行動・現象への支援④

被害者アピールが頻繁にあります。

❶ 現象

「○○された」という訴えが頻繁にあります。

❷ 原因と意味

　被害者意識の高さは愛着障害の特徴である自己防衛が原因です。自分は悪くないという自己正当化のためには、自分が被害者であることを主張する必要があるからです。

　愛情欲求行動の注目されたい・アピール行動から、かまってほしくて被害者を装うこともあります。

　ASD＋ADの第3タイプの場合、前述した焦点化認知から、特定の相手に対して、曲解もあり、「○○された」と思い込み、被害者意識が固定しやすくなることがあります。また、それとよく似た言動を他者がした場合も被害者的に捉えることがあります。

❸ してはいけないかかわりとは？　適切な支援とは？

●本気でその訴えに対応すれば、自己防衛の場合、かえって自己正当化することになり、愛情欲求行動なら、愛情欲求エスカレートが生じてしまいます。第3タイプの場合なら、その焦点化認知がむしろ強化されてしまい、ますます、被害者的に感じやすくなります。いずれの場合も、その訴えに応えた方が、その訴えは増えてしまいます。

●スルーする、無視する対応には、自己防衛の場合、誰もその訴えに取り合わないということで、ますます、自分で守るしかないと自己防衛を強めてしまいます。愛情欲求行動の場合は、注目してもらうためにあの手この手で訴えてくるでしょう。第3タイプの場合も信頼感を失ってしまうでしょう。

⇨訴えは取り上げてはいけませんが、取り上げなくてもいけないことを確認し

ます。訴えそのものを取り上げるのではなく、訴えようと思ったその気持ちを受容します。「されたといいたくなるくらい嫌だったんだよね。わかるよ〜」と。「そんな気持ちのときは先生と一緒にこうすればいい」と別の行動に誘えばいいのです。

⇨訴えを生じさせにくくするには、キーパーソンが普段のかかわりの中で、**先手支援**で、ある活動を誘い、できたら褒めるというパターンをしっかり経験させることです。そうすれば訴える必要度が下がっていきます。何か手持ち無沙汰なとき、いつもポジティブな感情を作ってくれる相手には安心基地を意識できるようになり、愛情欲求行動をする必要がなくなります。そういう相手には安全基地機能も期待できるようになり、自己防衛の必要もなくなるのです。

⇨第3パターンの場合は、その焦点化された認知を逸らす対応が必要です。これはこだわりの項で後述します。

❹ 支援のポイント

・訴えではなく、訴えようとした気持ちを受容し、代弁します。
・先手支援でこれをすればポジティブな感情が生じて安心感につながる活動をしておくことが、訴えの予防につながります。

II：行動・現象への支援⑤

していないことをしたというウソをつきます。

❶ 現象

「〇〇したよ」と、していないことをしたというウソを多くつきます。

❷ 原因と意味

していないことをしたと言うのは、虚勢のウソです。ウソを言って注目されたい・アピール行動なのです。

またASD＋ADの第3タイプの焦点化認知が原因で、特異な捉え方をしてしまい、そう信じ込んだことがウソのように見える場合もあります。

❸ してはいけないかかわりとは？　適切な支援とは？

●ウソを本気で受け止めると注目してもらったと感じて、もっと注目してもらいたくなって、ウソがどんどん昂じていきます（愛情欲求エスカレート現象）。ですから、「本気で受け止める」はしてはいけない対応です。

●それはウソだと指摘すると、安全・安心基地がない愛着障害のこどもは、本当のことを言われたことで、自分のことを見透かされたと感じ取って、不安になります。防御しようとして、「そうじゃない！」攻撃をしたり、感情混乱を起こして暴れてしまいます。自己防衛を誘発してしまう対応ですから、これもしてはいけない対応です。

●愛情欲求行動ですから、スルーしたり、無視したりするともっとウソをついて注目されようとしたり、別の行動をしてこっちを向いてもらおうとしたりします。

⇨ウソと思えるその言動をまるごと受け止めない、そう言いたくなった気持ちを受け止めつつ、そのウソの言動から気持ちを逸らしてあげる対応がいいでしょう。たとえば、「僕は地域の野球クラブのキャプテンしてるよ」と言われたら、それがウソとわかっているときでも、それが本当かどうかわからないと

きでも、「野球大好きだもんね！」と、その話に関連があって、真偽とは関係ないことを確認して逸らすのです（**認めつつ逸らす支援**）。

❹ 支援のポイント

- ウソには、それを指摘する、それを信じる、無視する、いずれの対応もよくありません。
- その言動の背景にある気持ちを「認めつつ逸らす支援」が適切です。

Ⅱ：行動・現象への支援⑥

なんでも欲しがるので困ります。

❶ 現象

なんでも欲しがるので困ります。

❷ 原因と意味

　なんでも欲しがる「物欲」の強さは、愛着障害の特徴である「モノとの関係」において、モノをさわって安心するだけでは充足感を得られないこどもが示す特徴です。愛着障害のこどもは安心基地を求めているのです。

　また、愛着障害の特徴である「静寂潰し」は愛着障害の場合、刺激過多の状況に慣れているため（刺激過多への親和性の高さ・順応）、音を立てる現象です。「物欲」もそうした刺激を求める「刺激希求」の特徴でもあります。もちろん、これも安心基地の欠如が原因です。

　ASD＋ADの第3タイプでモノにこだわりがあると、それに執着してモノを欲しがる場合もあります（後述）。

❸ してはいけないかかわりとは？　適切な支援とは？

●本気で対応して、その物欲を認めてしまうと、もっと欲しがって、愛情欲求エスカレート現象を引き起こしてしまいます。モノを与えることを愛情のかわりにしてしまっている子育てによく出会いますが、同じように物欲もエスカレートしていくのです。

●ダメと拒否すると、安全・安心基地がない愛着障害のこどもは、否定されたと受け止めて感情混乱してしまったり、ダメと言われたことでそのモノの価値が高まったかのように錯覚して、かえってそのモノを欲しくなったりします。また、否定されて、自分にネガティブな感情を引き起こす人を困らせようとする行動をしてしまい、駄々をこねたり、暴れたりします。いいことはまず起こりません。

◉スルーしたり、無視した場合も、愛情欲求行動ですから、もっと欲しがります。欲しがることでさらに注目されようとします。違うものも欲しがれば、こっちを向いてもらえるかと、手当たり次第に欲しがるようになるでしょう。モノを欲しがる以外の不適切行動に昂進化してしまうこともあるかもしれません。
⇨その欲しがる思いを受け止めつつ、その要求はまるごと受け止めない対応が必要です。欲しいと言いたくなった気持ちを受け止めつつ、そのモノからは気持ちを逸らしてあげる対応が必要になります。「とっておきのモノがあるよ」とか「これはどうかなあ」と、違うモノに意識を移すのも1つの方法ですが、結局、それを欲しがることから気持ちが逸れないままでは、何か与えないと気がすまなくなります。もちろん、そんなとき、「安心のグッズ」と言うべきものをいつも用意しておいて、「そんなときはこれだね〜これを持つと楽しくなるね」と対応するのがいい方法でしょう。ですが、モノではない別の行動に誘うのもいいでしょう。たとえば、「バットが欲しい」と欲しがったら、「先生と野球しよう！ グランドに行くよ！」とその思いを受け止めながら別の行動に移すのです。ここでも**「認めつつ逸らす支援」**が有効です。
⇨モノより、物欲より、もっと安心できるものとして、キーパーソンとの一緒の活動による感情のラベリング支援をしておきましょう。それが物欲を下げることになる一番の王道支援です。

❹ 支援のポイント

- 物欲には、それを否定する、それに応じる、無視するいずれの対応もよくありません。背景にある気持ちを「認めつつ逸らす支援」が適切です。
- 普段のキーパーソンとの一緒の活動による感情のラベリング支援をとおしての安心基地づくりをすることこそが、物欲を低下させる支援になります。

Ⅱ：行動・現象への支援⑦

モノを大切にせず、よく壊します。

❶ 現象

モノをよく壊してしまいます。トイレットペーパーを便器に全部放り込んで、ダメにしてしまったりすることもあります。

❷ 原因と意味

愛着障害の「モノとの関係」の特徴から、モノを大切にできず壊してしまうのです。これも安心基地の欠如が原因です。

そして、ネガティブな感情をなくせない安全基地の問題も加わると、その感情を紛らわせようとします（**感情の紛らわせ行動**）。モノが壊れるのは快感なので、スリル感を持ってそれを受け止めてしまうのです。特に、モノを投げ落とすこと、その先に水があってそれに音を立ててぶつかったり、あるいは、その水に溶かすことが快感として受け止められるのです。

結果として、他の人を困らせることになります。使えるモノを壊してみんなを困らせるという行為をしたくなるのも、自己防衛の他責行動です。人が困っているようすをみて快感を感じるのは、感情の紛らわせ行動なのです。

❸ してはいけないかかわりとは？　適切な支援とは？

●ダメと注意すると、安全・安心基地がない愛着障害のこどもには、否定されたと受け止めて感情混乱を起こして暴れたり、否定するという自分にネガティブな感情を引き起こす人を困らせようと、かえってその行動をしたり、その人を攻撃するでしょう。注意しても、これを止めることはできないのです。
●スルーする、無視するという対応は、愛情欲求行動を引き起こすだけです。もっと注目してもらおうとしてその行動をしてしまいます。無視されても感情は紛らわされません。むしろ、ネガティブな感情は増えるでしょうから、もっとその行動を強くたくさんして、感情を紛らわせようとし、無視する人をもっ

と困らせようとするでしょう。

⇨モノを壊したくなる感情はネガティブな感情ですから、まず、ネガティブな感情から**逸らす支援**が必要です。この感情は認めてもなかなか消えません。いかにしてポジティブな感情が生じる、別の活動や認知で逸らせるかが大切です。かけっこが好きなら、「よし、気持ちよくなるために走りに行こう」と誘います。まじめな方は、してしまった「壊す」というよくない行為を放置していいのかと悩まれるかもしれません。しかし一旦、嫌な気持ちを生じさせたことから切り離し、ポジティブな感情になってから、それを振り返り、「こういう嫌な気持ちになったときは、今度から『先生、走ろう』と誘ってね」と支援する必要があるのです（**感情確認後の代替行動支援**）。

⇨モノを壊すような感情の紛らわせ行動を起こりにくくするには、キーパーソンとの一緒の活動と感情のラベリング支援による、安心基地づくり支援がやはり有効です。

❹ 支援のポイント

- ネガティブな感情には、逸らす支援で切り離した後、ポジティブ感情を生じさせ、その後、先に生じたネガティブな感情の確認をして、そのときにはこうしようと感情確認後の代替行動支援をします。
- 普段のキーパーソンとの一緒の活動による感情のラベリング支援をとおしての安心基地づくりこそ、モノを壊そうとする感情の紛らわせ行動を必要としなくなる支援です。

II：行動・現象への支援⑧

つばを吐き、食べたものを吐いてまた食べたり、吐いたものを人になすりつけたりします。

❶ 現象

つばを吐き、食べたものを吐いてまた食べます。あるいは、吐いたものを人や何かになすりつけるという行動をします。なぜ、こういうことをするのでしょう？

❷ 原因と意味

つば吐きは、愛着障害の「口の問題」の特徴が昂進化したものです。安心基地が欠如しているので、口に刺激が欲しくなるのです。これはまた、注目されたい・アピール行動としても使われます。つばを吐けば注意してくれますから。高学年になると、かまってほしくてつばを吐くのですが、注意されるとやっぱりネガティブな感情が生じ、「ウザい、いちいち言うな！」という反応をしてしまいます（アンビバレントな感情状態）。吐くという行為は口からの投擲行為ですから、「危険な行動」であり、ネガティブな感情の紛らわせ行動です。ですから注意されると、かえってネガティブな感情が増えて止められなくなるのです。

食べたものを吐いてまた食べるのも口の問題、安心基地の問題です。何度も吐いて食べれば、口に食べ物が接触する回数が増え、接触感がアップするからです。また、吐く行為には、つば吐き同様、ネガティブな感情の紛らわせ行動としての危険な行動も含まれています。しかし、また口に入れているのであれば、より接触感を求めている方が強いでしょう。吐いたものを人や物になすりつける場合は、接触感も求めていますが、感情の紛らわせ行動の要素が強いでしょう。これは注目されたい・アピール行動が伴っている場合もあります。石を食べたりする異食には発達障害の場合もありますが、愛着の問題の場合も多くあります。特に危険物を口に入れるこどもは、被虐待である可能性があります。

ASD＋ADの第3タイプでは、その行動へのこだわりとして現れる場合があります（後述）。

❸ してはいけないかかわりとは？　適切な支援とは？

●注意しても、愛情欲求行動ならアピール行動として増えますし、感情の紛らわせ行動でしたら、かえってネガティブな感情が増えて止められません。接触感・安心感を求める行動を止めると感情混乱を起こします。いずれにしても不適切な対応となります。

●同様に、スルーする対応、無視する対応も、愛情欲求行動を引き起こすので、その行動が増えるか、もしくはネガティブな感情は変わらず、その行動は減らないでしょう。接触感を求める行動でも安心感は増えませんから、やはり行動は減りません。

⇨吐く、なすりつけるという行為の原因はネガティブな感情ですから、それにはまず、モノを壊す行動への支援と同様に、ネガティブな感情から逸らす支援が必要です。違う行動・認知に誘いましょう。

⇨感情の紛らわせ行動を起こりにくくするにも、接触感を求めての行動を減らすにも、キーパーソンとの一緒の活動と、感情のラベリング支援による安心基地づくり支援が有効です。キーパーソンとともにポジティブな感情を経験して、そんな人となら、ネガティブな感情も一緒に認知して大丈夫という状態にすることが大切なのです。

⇨ポジティブな感情を自動的に生起させやすくするには、後述する役割付与支援が効果的です。吐いて食べるという行為には、給食当番という役割を与えるのが一番効果的です。そこで認められると安心感が生起して、この行動をする必要がなくなるのです。

❹ 支援のポイント

- ネガティブな感情を認知するには、まず、逸らす支援で切り離した後、ポジティブ感情を生じさせ、その後、先に生じたネガティブな感情を認知しても大丈夫な状態を作ることが大切です。
- キーパーソンとの一緒の活動による感情のラベリング支援をとおしての安心基地づくりで、接触感を求める行動も感情の紛らわせ行動も減らすことができます。役割付与支援が効果的です。

> Ⅱ：行動・現象への支援⑨

おしっこ、うんちをお漏らししたり、トイレでないところで用を足したりします。

❶ 現象

　尿（おしっこ）、糞（うんち）をお漏らししたり、廊下や部屋など、トイレでないところで用を足して放置することがあります。

❷ 原因と意味

　これは「遺糞・遺尿」という現象で、強い愛着障害を持つこどもに起こる現象です。ネガティブな感情の紛らわせ行動、危険な行動です。放尿・脱糞は出すという行為ですから、それによって解放感という刹那的快感を感じることができます。

　また、この行為を見つけた人は大抵、びっくりして強い反応をしますから、これには注目されたい・アピール行動の意味もあります。

　そもそも、「気持ち悪さへの鈍感さ」があるため、お漏らしという状態になっても訴えないことがありますが、これは「痛さへの鈍感」という愛着障害の特徴と符合するものです。気持ち悪い状態に気づいて訴えても、誰もそれを解消してくれないと捉えているからです（安全基地の問題）。これはネグレクトのときにもよく起こります。

　逆に言えば、「清潔感への好感情のなさ」も関与します。清潔にしても、褒めてくれてポジティブな感情を与えてくれないと感じているからです（安心基地の問題）。だから、トイレでないところに糞尿を放置するのです。静寂潰しの原因となっている刺激過多への親和性・順応が糞尿を片付けないということにも関与しているのです。

❸ してはいけないかかわりとは？　適切な支援とは？

●注意しても、愛情欲求行動ならアピール行動として増えますし、感情の紛らわせ行動でしたら、かえってネガティブな感情が増えて止めることができませ

ん。安全基地の問題は注意するほど、防衛して言うことを聞かなくなります。清潔感の好感情がなく、気持ち悪さへの鈍感さがある状態のこどもに注意、叱るという支援は意味をなしません。

●スルーする対応、無視する対応でも同様に、愛情欲求行動を引き起こしてその行動が増え、ネガティブな感情は変わりませんから、その行動は減りません。清潔感の好感情がなく、気持ち悪さへの鈍感さを持つ状態のこどもの解決になることはないのです。

●後片付けをさせるという対応は、絶対にしてはいけません。後片付けを強要されると、自分の感情の紛らわせ行動を否定されたと感じて、そのことでネガティブな感情を生起させて、次の遺糞・遺尿行為を誘発するからです。

⇨感情の紛らわせ行動ですが、すでにしてしまった行為を後から見つけて対応しても意味がありません。まず、先手支援を心がけるべきです。一緒の活動をすることが感情のラベリング、感情学習のチャンスですから、それを活用します。すなわち、キーパーソンと一緒にトイレに行って（トイレに付き合う）、トイレで用を足すことが一番の快感であることを確認するのです。

⇨そのためには、まず、遺糞・遺尿を発見した際、アピールが強いと思われる子には「気づいてって思って、やっちゃったんだね」と、また、感情の紛らわせが強いと思われる子には「むしゃくしゃして、ついやっちゃったんだね」と伝えつつ、先生がその子の前で見せながら、後始末をします。

　そして、「気づいてほしかったら、先生に声かけてね」「むしゃくしゃしたら、先生の所においで」と**感情確認後の代替行動支援**をします。そして、次第に「一緒に片付けよう。ちょっと手伝って」と一緒に片付けるように誘います（**行動始発学習**）。一緒に後始末をすることが重要です。「先生と一緒に片付けると気持ちいいね」と言いつつ、愛着対象と共同意識から**感情学習**につなげます。

❹ 支援のポイント

・行動始発学習、感情学習（感情のラベリング支援）、感情確認後の代替行動支援を組み合わせながら、トイレで用を足すのが快感であることを再学習します。

Ⅱ：行動・現象への支援⑩

他のこどもや、他の生徒に抱きつき、そのことで嫌がられても、喜びます。

❶ 現象

　他のこどもや他の生徒に抱きつき、嫌がられても、その様子を見ながら喜ぶのはどうしてでしょう？　他のこどもが抱きついて、抱きつかれたこどもが嫌がっている様子を見て喜んでいるときもあります。

❷ 原因と意味

　抱きつくのは、愛着障害の「人への接触」という特徴で、安心基地の問題が原因です。注目されたい・アピール行動として抱きついているのです。
　嫌がられても、他者の気持ちがわかりません。他者が嫌がるということは、自分が他者に影響力を行使できた証拠ですから、優位性への渇望、自己高揚という刹那的な快感も感じます。ですから、嫌がられても止めません。いや、嫌がられるからかえって止めなくなるのです。
　人が嫌がっている様子を見て嬉しがるのは、嫉妬心から、こっちを向いてほしいのに向いてくれなかったことへの仕返しの意味もあるのです。

❸ してはいけないかかわりとは？　適切な支援とは？

●注意しても、愛情欲求行動のアピール行動ですから、抱きつきはかえって増えます。特に、優位性を渇望しての自己高揚パターンの場合、主導権は自分にあるはずなのに、後から注意されることは非常に不快なことですから、大暴れしてしまいます。
●同様に、スルーする対応、無視する対応も、愛情欲求行動を引き起こします。優位性への渇望の場合、行動を無視すると、自分の歪んだ効力感から、これをしても何も注意されないんだと解釈して、かえって主導権を握って、その行動をしてしまうことになります。
●他のこどもの抱きつき行動をはやし立てる場合も、同様です。注意しても、

無視しても、前述と同じ結果となります。
●抱きつかれている子が嫌がっていると指摘することは、絶対にしてはいけない対応です。よくこの対応をしている人に出会いますし、まじめな人ほど、そうしてしまいます。他者が嫌がっていることが嬉しいのが愛着障害であり、自分がそうできたという思いが自己高揚です。この真っ当に見える指摘こそ、一番してはいけない対応です。
⇨教師自身が抱きつかれたときと同様、気持ちを言いあてながら、別の行動に置き換える**感情確認後、感情連結された代替行動支援**が有効です。
⇨自己高揚、優位性への渇望を和らげ、防ぐにも、普段からのキーパーソンとの一緒の活動と感情のラベリング支援による安心基地づくり支援が有効です。

❹ 支援のポイント

・他者の気持ちを教える支援は不適切です。本人の気持ちを踏まえた感情学習支援が必要です。

Ⅱ：行動・現象への支援⑪

他者の弱みを言いふらし、みんなでからかうことをよくします。

❶ 現象

「あの子がおならした！」などと、他者の弱みを言いふらし、みんなでからかうことをよくします。

❷ 原因と意味

　自己高揚の特徴がよく現れている現象です。「あの子がおならした」と自分だけが知っていることは、それが間違った情報だとしても、自分がみんなに知らせることができた情報ですから、自分がその情報の発信者として他者に対して優位性を確保できます。優位性への渇望、主導権を意識した行動です。

　この情報を流布することによって、言われた本人が困ります。自分がその子を困らせることができたという、歪んだ効力感を感じることができます。

　さらに自分の仲間に他のこどもを引き入れて、集団で誰かをいじめることにより、自分より確実に弱い立場の弱者を作ることで安心感を得られるのです。多数派に所属し誰かを責めれば、自分は責められることはありません。絶対的安心感がないことで集団化するのは、以前、流行った暴走族、少年非行などでもよく見られる現象です。

❸ してはいけないかかわりとは？　適切な支援とは？

●注意しても、優位性を渇望しての自己高揚が原因ですから、後から注意されると、主導権を侵されたと不快に感じて感情的になりやすく、大暴れしてしまいます。

●スルーする対応、無視する対応も、優位性への渇望、歪んだ効力感のこどもには、こんなことをしても何も注意できないんだと解釈されて、かえってこどもは主導権を握ってその行動をしてしまいます。

●「そういうことをされている子は嫌がっている」と指摘することは、やはり

絶対にしてはいけません。他者を嫌がらせることができたことに歪んだ効力感、ポジティブな感情を抱いてしまっているのですから、その地位を脅かす対応に対して攻撃をしてきます。

⇨「これをしよう」という逸らし支援や「ちょっと手伝って」と行動始発学習をして、違う活動でこそ、ポジティブな感情を得られることを学習させる必要があります。

⇨そのためには、まず安心基地の形成が必要です。キーパーソンとの活動こそが、一番ポジティブな感情を生み、自分もやればできるんだと真っ当な効力感を味わい、自己評価を上げる支援を積み上げていくことで、結果的にこの行動をなくすことができるのです。

❹ 支援のポイント

・優位性への渇望には、キーパーソンと一緒なら安心という安心基地の構築、歪んだ効力感には、真っ当な効力感を感じる感情学習支援が必須です。

★愛着の問題から生じるいじめについて、ここで解説しておきましょう。

[自己原因性のいじめと愛着基盤のなさ]

学童期・思春期のいじめ現象は、発達心理学で説明してきた仲間形成の通過儀礼とは楽観視できない深刻な激化現象を見せています。自分の心に安全・安心・探索基地がない空洞感を何で埋めようかと考えたとき、たとえば、これは女子に多いのですが、仲良しのグループで誰かを次々に仲間はずれにしていく「仲間はずし」が行われます。仲間からはずされた子のショックははずした方の快感になり、歪んだ効力感になるのです。仲間からはずされても安全・安心の場所が他にないので、また迎え入れられるのを待つ、これを繰り返します。男子では、プロレスごっこなど、遊びと称して実はいじめる「カモフラージュいじめ」がそうです。いじめる方は嫌がる反応を見て楽しみ、いじめられる方は「つらいがかかわれないよりまし」と受け入れてしまいます。こうして罪悪感が軽減された被害感の少ないストレスの捌け口として、いじめが使われます。まさに愛着の基盤のなさが生じさせた歪んだ効力感の現れが、自己原因性のいじめなのです。

★いじめへの対応の５大誤解

〈1〉いじめとは何かを理解していない（遊び、ごっこと区別できない大人と巧妙に遊びや役割固定に隠されたいじめと、それを受け入れるこどもたち）ために、

いじめがあったかなかったか、この行為がいじめかいじめでないかと、行動や現象でいじめ判定をしてしまい、背景の心理や思いを理解しないこと。

〈2〉いじめられるこどもだけへの支援や、命の大切さキャンペーンに意識が終始すること（それも後手にまわり、結果として、いじめられて自殺したこどもの弱さや本人責任追及、最後には、いじめそのものをなかったと否定して、かえって、いじめられたこどもとその家族を傷つける）。

〈3〉いじめをなくすキャンペーン（いじめは恥ずかしい卑怯な行為だから止めよう）、もしくは、いじめるこどもの隔離、厳罰対処の必要性の主張に終始して、「いじめるこどもへの心のケア」に思いが至らないこと。

〈4〉関連する現象（校内暴力、発達障害、家族病理）との結びつけをしない（暴力を抑えつけるといじめとして陰湿化・匿名化すること、いじめの背景に歪んだ関係性や二次障害があること、家族の病理が学校での攻撃行動に現れること）。

〈5〉先駆的事件を特殊性の名の下に軽視し、教訓としないこと。

・いじめには加害者も被害者もいない（仲間はずし）→関係性の中でストレスが移動
　⇒心のケアの必要性

⇒いじめと遊びの区別が難しいと嘆くのではなく、いじめにつながる陰湿で疎外的な遊びを生まない人間関係支援とクラス風土づくりこそが大切です。
＝加害者や家族、教員、学校を名指しでネットで批判する人たち＝いじめの心理⇒これは日本が総いじめ社会と言っていいほど、ストレスフルな社会と化している証左です。

・いじめには加害者も被害者もいません。
　→それぞれの関係性の中で、ストレスが移動していく関係性の問題（ネットいじめ）。
　→いじめる子、いじめられる子、傍観者、観衆の心のケアこそ必要です。

★いじめへの支援の方向性についてまとめてみました。
[3つの支援の方向性]
　ⅰ）いじめをしているこどもと教師、指導員との関係強化を再度、実施します（叱ることが多くなっていれば、それは不適切行動が多くなっているからで、指導員としては何を求めているかをわかりやすく示し、あなたの味方であること、困ったとき、嫌な感じを感じたら、いつでも報告するようにということを確認します）。自由遊び時間に付き合い、それぞれの行動を評価し、それがいい、こう

すべき、先生はここにいるよと集団行動で、指導員との関係を想起させる支援を実施します。こうしたタテの関係を確認することで、ヨコの関係に流されたり、ヨコを意識した不適切行動の発生を防ぎ、発生してもすぐに引き戻すようにします。

　ⅱ）こどものグループ活動を促進し、リーダー育成をします。グループのリーダーを決めます。役割が曖昧で、行動も多岐にわたり、構造化、整理できない単なる生活グループのリーダーに固定せず、プロジェクト型学習班などを形成して、〇〇をするグループを作り、役割を決め、それができたら、グループ、役割を褒めます。望ましい行動への位置づけを明確にすると、不適切行動が生起する確率を結果的に減らすことができるのです。

　ⅲ）感情のコントロール支援＋不安低減支援として、不安の言語化、感情の言語化を促し、何が不安か、どんな気持ちかを言葉にして報告させ、しっかり聴きます。言語化しない、ふれないという認知が不安や感情の影響を大きくしてしまうので、こうした支援によって、それに関係ない感情、不安を切り離し、分けることで、限定できる効果をねらうものです。

Ⅱ：行動・現象への支援⑫

他のこどもを煽動して、不適切な行動をするように仕向けます。

❶ 現象

　自分は表に出ないで、他のこどもを煽動して不適切な行動をするように仕向けます。

❷ 原因と意味

　これもいじめの首謀者が隠れたまま行われるいじめですから、単にいじめられるこどもにいじめをするという影響力だけではなく、いじめの実行をするこどもを思いどおりに動かして差配することで影響力を誇示したいという意味で、二重の優位性への渇望、自己高揚、歪んだ効力感の現れと言えるでしょう。

　しかも、いじめが発覚しても、実行者が処罰されるだけになるよう、用意周到な自己防衛の配備をしています。

　もちろん、根本的な原因は、安心基地の欠如感であり、真に安心できる関係がないことです。このようなこどもには、実は、表面的にはいい子を演じている場合が多くあります。

　人を信用していないからこそ（不信感）、人を盾にして自分を守り、人を動かして、いろんなことをさせているのです。

❸ してはいけないかかわりとは？　適切な支援とは？

◉いじめを実行したこどもを叱るのは、その隠れた首謀者を喜ばせるだけですから、絶対してはいけません。特に、集団の前で叱る行為は禁物です。この光景をほくそ笑んで見物することで、いい子を演じている首謀者は自己高揚をさらに高めます。教師は真の首謀者を見つけられず、実行者だけを叱っていると見下すのです。

◉いじめを首謀した黒幕、首謀者を探そうとすることも、それは絶対にしてはいけない対応です。それはクラスの関係を崩壊させ、疑心暗鬼な気分をこども

たちに植え付け、安全・安心を根こそぎ奪ってしまうことになります。
⇨この状態を生んだ原因は、どの子とも担任として、個別の信頼関係ができていなかったことにあります。ですから、どの子にも、役割付与支援で関係性を再構築することが大切です。首謀者が想定できる場合には、特別の役割付与支援をします。その子に権限を持たせる役割は与えてはいけません。教師と密な関係を持てる役割、たとえば、「あなたを見込んで、この仕事を手伝ってほしい」と、いい子であることを認めた、教師の手伝い支援、補助支援が効果的です。ある意味、一種の徒弟関係に誘いこむのです。そこでの役割を認められることを、真の自己有用感・自己効力感に育てていくのです。
⇨今、起こったいじめについては、いじめをして気持ちよくなるこどもがいることが残念であること、どんな不満も嫌な気持ちも先生に伝えてほしいと訴えることで、いじめが許せない卑怯な行動であることを伝えます。これは上記の真の支援をしていくためのきっかけの言動として位置づけます。

❹ 支援のポイント

・犯人捜し、首謀者探しはしない。
・いじめの実行者をクラスのみんなの前で叱らない。
・役割付与支援でどの子とも関係性を強化する。
・首謀者が想定できるときは、その子には教師の補助役割付与支援・徒弟関係支援を行う。

Ⅱ：行動・現象への支援⑬

挑発してトラブルを発生させ、もめごとをつくって喜びます。

❶ 現象

他のこどもを挑発してトラブルを発生させ、もめごとをつくって喜びます。
愛着の問題を抱えるこどもに限って、愛着の問題を抱えるこどもに引き寄せられるようにかかわり、トラブルを起こしやすいように感じます。

❷ 原因と意味

もめごと、トラブルを察知して、そこにかかわりたくなるのも愛着障害の特徴です。これももめごと、トラブルという刺激に反応してもっと刺激を感じたい「刺激希求」の特徴です。刺激過多への親和性・順応は、人間関係の刺激に対しても言えます。家でも家族のもめごとが多い可能性があります。

そして、そこにかかわることで、ネガティブな感情の紛らわせ行動にもなるのです。

かかわることで、トラブルを解決できても、逆にもめごとがかえってひどくなっても、そうさせたのは自分ですから、歪んだ効力感を感じ、優位性への渇望を満たして、自己高揚ができます。自分にトラブルを起こし、それを大きくする力があることを自信として受け止めるのです。

加えて、メンタライジングの困難さ（相手の気持ちも自分の気持ちもわからない）から、感情爆発が起こりやすくなりますので、トラブルは結果的に大きくなります。

お互いに刺激を求めていますから、愛着の問題を抱える者同士がひかれますが、ネガティブな感情の紛らわせでくっついても、感情混乱が起こりやすくなるだけですから、トラブルを起こすために近寄っているようにも見えてしまいます。

❸ してはいけないかかわりとは？　適切な支援とは？

◉「刺激希求」行動ですから、注意してもその行動は減りません。感情の紛らわせ行動、自己高揚を注意すると、かえってその行動が増え、その指示に従うことは自己高揚を消滅させますから、かえって反抗してしまいます。

⇨トラブルが発生した場合は、逸らし支援で逸らして、おさめるのが最適です。①ここ見て（**認知の逸らし**）②これしよう＝一緒にする（**行動の逸らし**）③これ好きだよね、得意だよね（**感情の逸らし**）のどれが有効かを試します。当事者それぞれと1対1のかかわりをする必要があるため、チーム内の協力体制づくりをしておく必要があります。

⇨トラブルが発生した場合や感情混乱が起きたときの支援として、正面から対峙して抱きかかえると、かえって感情混乱が増幅しますので、背中側から抱きかかえ、安心感を背後から与える支援（**後ろからの支援**）が効果的です。一番、落ち着ける安心の立ち位置はこどもの横に座ること（**横からの支援**）です。

⇨場を引き離せないなら、教師、保育士、指導員は一人で、これはこういうことだよねと本人に伝えつつ、こうなんだよと相手に緩和して伝える**橋渡し支援**（米澤，2015c；2018a）を行います。

◉「どんな気持ちでしたの？」とこどもに気持ちを聞いてはいけません。感情混乱を起こしやすくなります。

⇒引き離した後、キーパーソンと1対1で、「こう思ったんだよね」と気持ちを推測して、わかることを伝えます（**気持ち言いあて受容支援**）。

⇒役割付与支援は役割という行動、人間関係に逸らし、専念することで執着的敵意を下げる効果をもたらします。真っ当なリーダーになれる支援が必要です。そのためには、前述の**徒弟関係支援**が有効です。それこそが安心基地につながるからです。

❹ 支援のポイント

・感情は問わない、感情を言いあてる支援が必要です。
・認知・行動・感情の逸らし支援、後ろからの支援、横からの支援、橋渡し支援、役割付与支援、徒弟関係支援を組み合わせて支援します。

　★学校では問題を起こさないのに、放課後の学童保育でこうした現象が生じることがあります。そのことを解説しましょう。
　学校では問題を起こさないが、学童保育では、暴力をふるい、暴れる子には、

学童保育の場所をストレスを晴らしやすい、鬱憤を晴らしやすい場所として認識している子が多くいます。環境的にも密集していたり、無秩序になりやすいこともあります（快適さがない場合はさらに増幅される）。こうした環境下で、上級生の攻撃行動を目撃して、それをモデル学習する道具的攻撃行動として現れることもあります。その上級生の攻撃行動は、学童保育で起こっていてもそれをモデルにし、学校で目撃したものを学校では出さず、学童保育で出す場合もあります。そもそも、人の行動をよく見てそれによって行動を変えることができる愛着障害のこどもは、マネをするモデル学習も得意です。これは指導員がいいモデルになれば、行動が改善する可能性が高いことも意味しています。

　指導員や他児の怪我を喝采したりすることもありますが、それはもめごとを喜ぶ心理と同じです。

　指導員から与えられた役割付与支援を効果的に利用することで、真の自己効力感を感じられるように支援するのが大切です。

II：行動・現象への支援⑭

集団に割り込み、入り込もうとします。

❶ 現象

集団に割り込み、入り込もうとします。人を押しのけて行こうとします。あげくに、人が大勢集まっている集団に身を投げ出して飛び込むダイビングもしてしまいます。

❷ 原因と意味

ネガティブな感情の紛らわせ行動が主たる原因です。嫌な気持ちを紛らわせようと割り込みます。注目されたい・アピール行動も加味されている場合もあります。

割り込みは、本人にとって、身体刺激となり、「静寂潰し」と同じく、刺激を求める「刺激希求」からその行為をしたくなるのです。押しのけた方が感じる身体刺激が強くなります。

究極の刺激感は飛び込み、ダイビングでしょう。自分を投げるという投擲（とうてき）は、「危険な行動」でもあり、ネガティブな感情を紛らわせる解放感を感じます。その後、多くの人の身体にぶつかって非常に強い身体刺激を得られるという、一石二鳥の行動なのです。

この行為は、人を嫌がらせることもできるので、「歪んだ効力感」も感じます。この行動を主導したのは自分であり、他のこどももその被害者ですから、優位性への渇望に合致する行為なのです。

❸ してはいけないかかわりとは？ 適切な支援とは？

◉感情の紛らわせ行動を注意したら、かえってネガティブな感情が増えて止められなくなります。「刺激希求」行動を否定されても、ネガティブな感情が発生するだけです。自己高揚の場合、注意されると、自己を否定されたと感情的に反発します。

●感情の紛らわせ行動をスルーして、「刺激希求」行動を無視しても、その行動には影響を与えません。自己高揚には、注意されませんから、その自己高揚が増幅するだけです。
⇨ネガティブな感情の紛らわせ行動には、ネガティブ感情から逸らす支援が必要です。自己高揚、優位性への渇望を和らげ、防ぐにはキーパーソンとの一緒の活動と感情のラベリング支援による安心基地支援が必要です。
⇨この行動が生起する前に先手支援として、先にその子と1対1の活動をしてポジティブな感情を生起させておくことが、この行動の予防に効果的です。
⇨ポジティブな感情を自動的に生起させ、先手支援として予防効果があるのは、役割付与支援です。遊んでいるときなら、先に、その子に特別な地位の高い役割を付与します。たとえば審判などが適切でしょう。対戦に参加したりすると負けるネガティブな感情が起こりやすくなりますので、それは避けます。椅子取りゲームなど、ルールのある遊びに参加しても、負けると同様の結果をおこします。

❹ 支援のポイント

・先手支援で、ポジティブな感情を生起させて、この行動を起こりにくくさせます。
・そのためには、その活動で、特別な役割を与える役割付与支援が効果的です。

　★役割付与支援の効果をあげる工夫についてまとめました。
・役割付与支援はわかりやすい大人主導・こども主体の枠組みを提供でき、自立心の育成にもつながります（米澤, 2015c；2018a）。
　［関係意識化］＝（関係性意識の持続効果＋居場所感効果）：誰からその役割をもらったか明確であること。
　［行動の枠組み］＝（わかりやすい関係性に埋め込まれた学習枠組み提供）：何をすればいいかの役割が明確で、特別感があり、他のこどもから少し超越感が味わえる役割であること。
　［報酬効果］＝（報酬提供の必然性と効率的効果）：役割を担ったらいい気持ちになることを結果のいかんを問わず、ここがいいと褒めます。

II：行動・現象への支援⑮

他のこどもの作品を壊して、喜んでいます。

❶ 現象

他のこどもの作品を壊して、喜んでいます。

❷ 原因と意味

ネガティブな感情の紛らわせ行動がやはり原因です。嫌な気持ちを紛らわせようとして、他のこどもがせっかく作った作品を壊します。注意されたいためにする場合もあり、注目されたい・アピール行動でもあることがあります。

壊すという行為は、刹那的な解放感と、それを壊すことができたという自己高揚を生じさせます。結果として、壊されたこどもが嫌がったり悲しんだりすることは、自分がその子をその状態に追い込めたということから、「歪んだ効力感」を感じさせ、自己高揚を増幅させます。

壊す行為は、自分の手や足で作品、モノにさわったという確かな感覚を必要としますから、本人にとって、やはり、身体刺激となり、刺激を求める「刺激希求」からその行為をしたくなりますし、結果として、身体刺激の快感を感じることができるのです。

モノが壊れる行為そのものが快感であることは前述しました。

❸ してはいけないかかわりとは？　適切な支援とは？

●感情の紛らわせ行動、「刺激希求」行動、自己高揚を求めての行動を注意してはいけません。
●感情の紛らわせ行動、「刺激希求」行動、自己高揚をスルーしたり、無視したりしてはよくないことも同様です。
●壊したこどもに謝罪させるのは避けるべきです。謝れる状態になっていないこどもに謝らせようとすると、かえって抵抗し混乱します。その状態で謝ってもらって嬉しい人はいないので、謝りを強要するほど、関係がこじれるからで

す。
⇨被害のこどもには教師・保育士が謝罪します。「悪かったと思っているけど、素直に言えないので、先生が代わりに謝るね」と謝罪します。被害のこどもの親が謝罪を要求しても、壊したこどもの代わりに教師が謝罪し、「後でちゃんと言い聞かせます、任せてください」と間に入ります。
⇨**逸らす支援、先手支援の感情のラベリング支援、役割付与支援**が効果的です。役割付与支援としては、作品を作るのが苦手だから壊す側面もあるので、やはり、作品展示係、評価係が役割として適切でしょう。
⇨必要なのは作品を壊されたこどもへの支援です。この場合、壊したこどもと分離して支援することがまず必要です。目の前で支援すると、そのことが壊したこどもの心を逆なでして、嫉妬心も生じて感情混乱するからです。個別に、悔しい気持ちを認めた上で、その作品を作成した努力を先生はよくわかっている、壊されてもがまんして攻撃しなかったことを褒める、あなたのその気持ちがあれば、また同じもの、もっとすてきなものが作れるよと、努力・がまん・効力感の３つの**認め支援**をします。

❹ 支援のポイント

- 感情の紛らわせ行動、「刺激希求」行動、自己高揚を求めての行動には、逸らす支援、先手支援の感情のラベリング支援・役割付与支援が有効です。
- 壊したこどもに謝罪はさせない。教師が代わって謝罪します。
- 壊されたこどもには、個別に、努力・がまん・効力感の３つの認め支援をしてフォローします。

Ⅱ：行動・現象への支援⑯

他のこどもが褒められるとその子を攻撃し、自分が褒められると逃げたり、怒ったりします。

❶ 現象

他のこどもが褒められるとその子や褒めた人を攻撃し、自分が褒められると逃げたり、怒ったりするのはどうしてでしょう？

❷ 原因と意味

褒められたこどもを攻撃するのも、褒めた人を攻撃するのも嫉妬心からです。なぜあの子が褒められるのか、「なぜおまえなんだ」という思い、なぜ自分を褒めないのか、「おまえは褒める相手を間違っているぞ」という思いです。これはアピールの裏返し行動であり、自己防衛の他責が付加されているのです。

自分が褒められると逃げたり怒ったりするのは、前述したように、褒められ経験のなさからむしろ叱られ慣れしているのに、褒められ、認められて、ポジティブな感情が生じた経験のなさ、安心感の経験のなさ、すなわち安心基地欠如感からくる居心地の悪さによるものです。

共通しているのは、そうしたことをする教師、保育士、指導員、大人への不信感です。そうした人から「認められ感」を供与された経験がないことから、感情的混乱が生じ、逃避行動や攻撃行動をするのです。

❸ してはいけないかかわりとは？ 適切な支援とは？

◉してはいけない対応は、同様に、注意・スルー・無視です。
⇨すべき対応の根本は、安心基地機能の構築と役割付与支援です。

★ここでは、こうした現象を起こしてしまう褒め方、起こさせないための褒め方を取り上げましょう。
◉どの子にも（愛着障害のこどもを褒めるときも、愛着障害のこどもを含む集団で誰か別のこどもを褒めるときも）みんなの前で、褒めることはお勧めできません。

どんなに素晴らしいことをしたときでも、特に大げさに褒めるのは避けなければいけません。そのことで、他のこどもを褒めた場合には、嫉妬心が最大となり、愛着障害のこどもを褒めた場合には、感情混乱が最大となるからです。

⇨ どの子にも（愛着障害のこどもを褒めるときも、愛着障害のこどもの含む集団で誰か別のこどもを褒めるときも）、みんなの前で淡々と軽く褒めます。愛着障害のこどもの感情的受け止めを最小限にとどめるためです。

⇨ どの子にも（愛着障害のこどもを褒めるときも、愛着障害のこどもの含む集団で誰か別のこどもを褒めるときも）、個別に後で褒めます。愛着障害のこどもを褒めるときは、さりげなく、「さっきのこれはよかったね」と褒めます。集団の前での行動を褒めるのは、個別の一緒の活動による感情のラベリング支援が根づき、ARPRAM支援でいうと他者との関係づくりに入る第3フェーズになってからでいいのです。先の集団での出来事を振り返って褒めるときは、褒めても効果はほとんどありませんから、感情的反応を最小限にとどめるために、「褒めたよ」程度にするのがコツです。愛着障害のこどもの含む集団だったのできちんと褒めてもらえなかった愛着障害でないこどもには、後で、個別に褒めるときに、しっかり褒めます。「特別に先生は二人きりでしっかり褒めたかった、それぐらいいいことをしたんだよ」と。

❹ 支援のポイント

・みんなの前では褒めない方がいいです。どうしても褒めないといけないときは、淡々と褒めます。
・後で個別に褒めるときに、愛着障害のこどもにはさりげなく褒めておきます。そうでないこどもにはしっかりと褒めます。

Ⅱ：行動・現象への支援⑰

集団では落ち着かず、多動になり、他のこどもにいろんな指摘をします。

❶ 現象

　大人と1対1になったときは落ち着いていますが、集団（大人一人にこどもがたくさんの1対多の状態）では落ち着かず多動、他の子にいろんな指摘をしたりします。

　1対1になるチャンスがないのですが、いつ1対1になればいいのでしょうか？　1対1でどんな活動をすればいいのでしょう？

❷ 原因と意味

　安心基地欠如、心の空洞感が原因の「刺激希求」の現象は、1対1でない場面、1対多の集団の場面で起こりやすいのです。1対1の場面は愛着形成の特定の人との関係を意識しやすいので、比較的落ち着くことができます。

　他者への指摘は自己高揚の「優位性への渇望」現象です。

❸ してはいけないかかわりとは？　適切な支援とは？

◉止める・注意する対応は、刺激希求には効果がないか、注意も刺激と感じて、その行動を増やすでしょう。自己高揚は、かえってその行動を増やすだけです。
⇨支援としては、いつ1対1になればいいかとのご質問にも答えることになるのですが、一番、1対1になりやすく、その効果が最大になるときに1対1での活動をすることが、この現象を緩和していきます。それは「入り口」と「出口」の支援です。

　まず、朝の登校園所時に（入り口）、1対1になって、ポジティブな感情・安心感を感じる活動を一緒にした後、今日のミッションを確認します。ミッションは1つだけ、「これだけしよう」と設定するのが効果的です。それが達成しやすいからです。「～して、しない」というミッションはずっとそれを守っていても1回でもしてしまえば達成できなくなるので、ハードルが高いのです。

ですから設定しない方がいいでしょう。

　もう1つは、下校園所前に（出口）、やはり1対1になって、一緒の作業をしてポジティブな感情を確認した後、今日のミッションを振り返ります。このときもできなかったことではなく、できたことを振り返ります。

⇨「入り口」と「出口」の支援でどんな活動をすればいいのかという点ですが、「どんな作業をしたい？」とこどもに聞いてはいけません。活動の主導権をこどもに譲り渡してしまうからです。また、作業としては、勉強というあまりポジティブな感情と結びついておらず、やりたくないとこどもが思っている活動は、特に支援初期の頃は避けた方が無難です。何より、勉強では、教師は教えてしまい、こどもは学んでしまいますから、一緒の活動とは言えないのです（逆にこどもが主導権を握ってしまっている学習場面もよく拝見しますが、これも同様にしてはいけない活動です）。二人でする作業として、対戦ゲームを思いつくことが多くあるかもしれませんが、これも初期には、避けた方がいいでしょう。勝ち負けがはっきりするので、一緒の作業にはならないからです。一緒に工作する、料理する、草引きをするなどの協働型作業が最適です。さらに言うと、少し、キーパーソンが得意な作業がいいでしょう。こどもに対して主導権を握りやすいからです。出口の支援で、振り返りをする際も、こどもに「どうだった？」と振り返らせてはいけません。感情混乱を誘発するからです。安心基地ができていない愛着障害のこどもにとって、振り返りをさせられることは、安心感とほど遠い行為です。キーパーソンが「これをして、こう感じたね」と振り返るのが大切です。

❹ 支援のポイント

- 「入り口」と「出口」の支援を意識して、効果的な1対1になる支援をすることで緩和されます。
- 1対1での活動はこどもに選ばせず、こちらでこどものしたいであろう協働型作業を提案します。
- 振り返りはこどもにさせず、キーパーソンがします（キーパーソン主導の振り返り支援）。

Ⅱ：行動・現象への支援⑱

二人のこどもがキーパーソンを取り合って困ります。

❶ 現象

キーパーソン、特定の人を取り合ってしまう二人のこどもがいます。どのように対応すればいいのでしょうか？

❷ 原因と意味

特定の人を意識してかかわりを持つ際、クラスなどに複数の愛着の問題を抱えるこどもがいると、キーパーソンの奪い合いが起こります。特定の人を意識できたのはいいことですが、その対応には苦慮します。

愛着の問題があるこどもへのかかわりを強めると、今まであまり問題を感じなかったこどもが、それに触発されて求めてくる現象も見られます。

❸ してはいけないかかわりとは？　適切な支援とは？

●奪い合いになってはいけないので、特定の人との関係を作らない、強めないという対応をしたくなりますが、それでは愛着の支援をまったく放棄したことになりますから、他の愛着の問題が頻発するだけです。
●別の教師が一方のこどもをいきなり引き取ってかかわろうとするのは、よくありません。キーパーソンをライバルのこどもに取られる、独占されると思って、かえって抵抗してしまいます。
⇨一人の子には、キーパーソンが他の先生にあることを一緒にするよう目の前で依頼します。キーパーソンが主導して、その権限の一部を委譲委任する支援が効果的です。後で必ずキーパーソンから褒められ、認められる時間を作ります。これを交替して実施すればいいのです。

❹ 支援のポイント

・キーパーソンから依頼された特定の人の代理であるサブキーパーソンを作る。

Ⅱ：行動・現象への支援⑲

こどもの要求がエスカレートして困ります。

❶ 現象

1対1でかかわればかかわるほど、こどもの要求がエスカレートして困ります。

❷ 原因と意味

愛着障害の特徴である「注目されたい・アピール行動」は、その要求にかかわればかかわるほど、愛情欲求エスカレートを起こします。

ASD＋ADの第3タイプでは、かかわりがある程度進むと、焦点化認知がおこり、こだわりが強化されることがあります（後述）。

❸ してはいけないかかわりとは？ 適切な支援とは？

◉要求がエスカレートしてから、それはだめ、そこまでは認めないと拒絶することは、「話が違う、今まで要求を認めたのは何だったんだ、やはり信頼できない」という失望感を生みます。

◉拒否すると暴れるからといって、また要求を認めると、かえってエスカレートが助長されます。拒否された経験からもっと要求しておかないと、という思いを増幅させるからです。

⇨要求とは違うことをしようと提案して、逸らす支援をします。本人の好きなことで逸らすと成功しやすいでしょう。それにまた固執したら、また違うもので逸らします。

⇨大切なのは安心基地づくりですから、先手支援で感情学習を継続するのが大切です。

❹ 支援のポイント

・要求に応じたり、拒否したり対応が一貫しないことが愛着の問題を増幅します。

Ⅱ：行動・現象への支援⑳

嫌なことがあったとよく訴えてきます。

❶ 現象

嫌なことがあったとよく訴えてきます。

❷ 原因と意味

注目されたい・アピール行動であり、嫌なことではないこと、あることないことをとにかく聞いてほしくて訴えます。

嫌なことが本当にあって、そのネガティブな感情の紛らわせ行動として訴えをしている場合もあります。

ASD＋ADの第3タイプでは、焦点化認知で嫌なことばかりを探して訴えていることがあります（後述）。

❸ してはいけないかかわりとは？　適切な支援とは？

●話を聞くという傾聴の対応では、感情混乱を増幅するだけです。
●無視すると、わかってくれないと拒絶感を感じます。
●そんなときはこうしてみたらという提案は、もともと解決策を求めての訴えではないので、これもたいてい拒否されます。
⇨ここでも**逸らし支援・先手支援**です。これをしようと何かを本人がしてもいいと思うことを提案して、一緒にしてよかったこと、ポジティブな感情を確認します。そのことが、結果として、心の中の嫌な思いの地位を相対的に下げる効果があり、訴えがおさまっていくのです。

❹ 支援のポイント

・本人の訴えには正面から対応しないこと。
・ネガティブな感情を何とかしようとしない。結果的にそれがたいした影響を与えないような支援をするのが大切です。

II：行動・現象への支援㉑

他のこどもに「自分はやっていない」とウソをつきます。

❶ 現象

他のこどもに「自分はやっていない」とウソをつきます。

❷ 原因と意味

　自分は悪くないという自己防衛、自己正当化は他のこども相手にも、もちろん起こります。誰に対しても自分を守らないと危ういほどに、安全・安心基地ができていないからです。

❸ してはいけないかかわりとは？　適切な支援とは？

●「ウソついちゃダメでしょ」という指導はしてはいけません。ウソをつくことがよくないことだという罪悪感が育っていないからです。罪悪感を感じても大丈夫なのは、そんなとき守ってくれる安全基地、罪悪感を消し去ってくれるポジティブな感情を与えてくれる安心基地がある場合です。結果、いくら叱ってもこの行動は修正できず、むしろ増えていくのです。

⇨ですから、目の前の気になる現象には直接アプローチせず、その背景になっている安心基地づくりから始めます。キーパーソンを作り、その人は自分にポジティブな感情を与えてくれ、その人は自分がピンチのときも守ってくれる安全基地だと意識でき、ウソなどつく必要はないことを確認して、初めて、ウソをつかなくなるようになります。

❹ 支援のポイント

・目の前の気になる行動を何とかしようとしない。
・安心基地、安全基地の順に作っていくことが、気になる行動を起こさなくする唯一無二の支援です。

Ⅱ：行動・現象への支援㉒

褒めていると怒りだします。

❶ 現象

まじめにしていたのを褒めると怒りだします。「プリントできたね、頑張ったね」と褒めると「これくらいのことで褒めるなんて、それくらいの人間だとバカにしてるんだ」とも言います。

❷ 原因と意味

褒められることに慣れていませんから照れくささが感情として紛れ込んでいます。本当に心から褒めているのかと猜疑心が生じたり、疑心暗鬼にもなっていたりします。ちょっと嬉しい気持ちがあっても、迂闊に信じてはいけないと思う、アンビバレントな感情が渦巻いているのです。

そもそも、まじめにしていたということは、誰に言われるでもなく、自分からしていた行動です。つまり、その行動の主導権はこどもにあるわけですから、後からそれを褒めても、愛着形成にはほぼ寄与しないのです。

また、屈折した自己高揚パターンを示すこどもは、自己評価の低さを受け入れられないので、褒められたことをその程度のことを褒められるほど、自分は学力は低くないと訴えたくなっています。だから、バカにしているのかとなじるのです。

❸ してはいけないかかわりとは？ 適切な支援とは？

◉説得する対応は絶対受け入れないでしょう。それは正面からの後手の支援だからです。
◉謝罪することは、こどもに対して、自分の地位を低下させたことを宣言していることになります。腫れ物にさわるような対応も同じです。いずれもこどもの自己高揚を昂進させるだけです。
⇨こどもが先手で始めた行動には、感情支援をしないのが大切です。「それを

やってるなら、実は一緒にやってほしいことがあるんだよ、これしよう」と一緒の行動を誘い（**先手支援**）、そこで**感情のラベリング支援**をします。こどもが高学年になっていたら、この誘いのときには一緒にすることにこだわらなくても大丈夫です。何かしてみたいとこどもが思える行動をするように誘い、それができたときに褒めるといいでしょう。

⇨本人が褒められてもいいと認められる箇所を探すのも大切です。この人は誰でも褒めそうなことをありきたりの褒め言葉で褒める人ではないとわかると、自分をしっかり見てくれていると感じることができるからです。「こんなプリントぐらいで褒めるな」と言われないためには、「字が以前より丁寧になった」と褒めます。

「この頃〜になったね」とこどもの変化に気づいてタイミングよく褒めることは大きな効果があります（**変化・成長の認め支援**）。まだ本人はできていると思ってないのに早めに褒めると、本人は受け止められません。もうできて日がたってから褒めると遅すぎると、受け止められ見ていてくれてないと感じてしまいます。

こどもに指摘されてからの切り返しの対応としては、「スピードが速かったから褒めた」「こんな簡単なプリントにもしっかり取り組んだのは、すごいと思ったよ」とやはり、どの部分に着目したかを明確にするのが大切です。

❹ 支援のポイント

・褒める部分を明確にします。
・こどもの変化に敏感に、適切なタイミングでその変化を肯定的に褒めるのが効果的です（**変化・成長の認め支援**）。

Ⅱ：行動・現象への支援㉓

他のこどもに暴力をふるったことを認めません。謝りません。

❶ 現象

愛着障害のこどもが他のこどもに暴力をふるったことを認めません。また、謝らないので困ります。

❷ 原因と意味

愛着障害のこどもは自分はしていない、悪くないと主張する自己防衛があり、謝罪をしません。

そうすると、被害を受けたこどもが、どうして謝らないのかと憤慨したり、教師の対応を非難したりするので、対応に苦慮します。

❸ してはいけないかかわりとは？　適切な支援とは？

●両方のこどもを一緒にして話を聞いて裁定するという対応をよくしますが、これは絶対にしてはいけない対応です。対質尋問をしてはいけません。認めろ認めないの応酬にもなるかもしれませんが、愛着障害のこどもはなかなか認めませんし、心ある謝罪はまず期待できません。必ずどちらかに不満が残ることになります。教師は裁判官ではないということに留意すべきです。
⇨個別の1対1対応が必要です。分離して個別に対応します。

被害を受けたと思われるこどもに対して：相手の子がやったことを認めないのは「嫌だね」と気持ちに共感し（加害者が確定でき事実関係をその子との間でだけで認めていい場合と、加害者が確定できず、「そう思ったんだね」とこの子の受け止め方だけ認める場合があります）、「先生が謝るからね」となだめます。「あの子がいつか謝れるまで待ってあげてね、君なら待ってくれるよ」と期待すると伝えます。

加害したと思われる愛着障害のこどもに対して：認めたくない、謝りたくないという気持ちに共感し、「自分はやってないと思うんだね」と気持ちだけを

受容します。本人もこのことで激しく怒っていたら、1対1で遊んだり、ゲームしたり、何か別のことでいい思いをしてもらう機会とします。つまり、逸らし支援をして、当該の事件の事実確認から逸らして、ネガティブな感情から解放します。もう1つ、放置してしまって、本人が勝手に立ち直ることを防ぐ効果を持ちます。本人が勝手に立ち直ると誰も助けてくれなかったという思いを持つからです。その後、様子を見ながら、落ち着いたら、認めていい部分を探して可能なら認めますが、そうでない場合は、「この件は先生が預かっておくよ」と宣言します。それは、これですべて解決と受け止めて、「認めなければ謝らなくてもいい」と誤学習することを防ぐためです。

　後日、安心基地ができてから、謝罪に誘うのです。

❹ 支援のポイント

- 対質尋問、両者立ち会いの事情聴取はしない。個別に対応します。
- 加害者に謝罪を強要しない。被害者には教師が代わって謝罪します。
- 逸らし支援で当該事件の事実確認は留保し、教師が預かります。
- 放置して勝手に立ち直るチャンスを与えないようにします。

Ⅱ：行動・現象への支援㉔

授業を抜け出し、追いかけると逃げます。「もう好きにしたら」と言うと激怒します。

❶ 現象

　嫌なことをしないといけない授業は抜け出し、追いかけるとこっちを見つつ逃げてしまいます。捕まえても嫌がるので、「もう好きにしたら」と言うと激怒します。

❷ 原因と意味

　ネガティブな感情の紛らわせ行動から、多動・逃避という行動に出ているようです。一方で、追いかけると振り向きつつ逃げるということは、こっちを向いてほしい、かまってほしいという「注目されたい・アピール行動」です。ですから、好きにしていいと放り出すと、見捨てられ感を感じて、感情混乱による感情爆発が起こってしまうのです。愛着障害のこどもに好きなようにやらせる対応は、本人の勝手な行動の制御がきかなくなるだけでなく、自分はかかわる価値のない人間として見捨てられたと、感じる点でもよくありません。

❸ してはいけないかかわりとは？　適切な支援とは？

◉教室から追いかけるという行為は、前述したようにしてはいけない対応ですが、追いかけたのにそれを放置するのは、さらにしてはいけない対応です。こどもが疎外感を感じるだけだからです。
◉「教室に戻ろう」「帰らないとだめだよ」という支援は適切ではありません。
⇨教室から追いかけるのではなく、教室外にいる教職員が受け止めて「教室に〜しに行こう！」と前向きに提案します。その際、教室ですることをすでに授業担当者と打ち合わせずみであることが望まれます。〇〇しようと思って教室に戻ると授業担当者から、「〇〇をしに来たんだ、〇〇しようね！」と受け止められると、気持ちとぴったり合致して意欲が湧くのです（**打ち合わせ連携による気持ち一致支援**）。

◉一番いいのは、教室を出たくなる前に、先手支援で個別の作業を与えてポジティブな感情を生起させておくことです。教師として、さまざまな個別作業のバリエーションを用意しておき、「じゃあ、これしよう！」と、それに誘うことを行動始発の合図として、気持ちの切り替えとする**行動始発スイッチ支援**ができるようにしておくことです。

❹ 支援のポイント

・追いかけて放置するという対応に、こどもは傷つくことがあります。
・好きなようにやらせる対応は、本人の勝手な行動を増幅するだけでなく、かかわる価値のない人間として見捨てられたと感じてしまう、よくない支援です。
・先手支援として、行動始発スイッチ支援のバリエーションを豊富にしておきます。

Ⅱ：行動・現象への支援㉕

指示に従わない場合、集団の前ではどう対応すればいいでしょうか？

❶ 現象

愛着障害のこどもが指示に従わない場合や、不適切なことをした場合、集団の前ではどう対応すればいいでしょうか？

❷ 原因と意味

集団、みんなの前で愛着障害のこどもがしてしまう不適切な行動には、「刺激希求」「ネガティブな感情の紛らわせ行動」「愛情欲求行動」「自己高揚（優位性への渇望）」が関与していることを意識して、対応することが必要です。指示に従うことは無理に盛り上げている自分の地位を下げることですから、受け入れられません。そこでの対応には「自己防衛」「自己評価の低さ」が関与してきます。正面から自分とは関係ないと思いたいルールを押しつけられると拒否します。「そんなことはどうせできないから」と忌避します。このことを踏まえた対応が必要です。

一方、愛着障害のこどものことだけを考えて対応すると、他のこどもたちの不満が増幅されて、教師への不信感が充満してしまいます。この２つの点を意識して対応することが必要です。

❸ してはいけないかかわりとは？ 適切な支援とは？

●みんなの前で叱る対応は愛着障害のこどもには受け入れられないので、叱ることでかえって行動の問題は増幅されます。教師が勝手な主導権を発動して「これだけはしろ」と理不尽に命令してもその子に拒否されることで、「先生にはこの子を従わせる力がないんだ」と周囲のこどもからの先生への評価は下がります。正面から戦えば、果てしない勢力闘争に追い込まれます。

●叱らない対応は「こんなことをしても叱られないほど自分はすごいんだ」と愛着障害のこどもの自己高揚を増幅させます。周囲のこどもたちは「なぜ、あ

の子だけ叱られないのか、不公平だ」と不満を感じ、叱れない教師だと意識するようになり、教師への不信感から、他の子の不適切行動を増やしてしまい、結果として、クラス崩壊にもつながります。

⇨愛着障害のこどもには、集団の前ではなく、必ず1対1になって個別対応で、前述の**気持ちはわかる支援**を行い、安心基地の形成を心がけ、指示を受け入れても大丈夫になり、注意されたら従えるように成長させてから集団で対応できるようにするわけです。

⇨愛着障害のこどもへの個別支援のチャンスを作ることは、他のこどもの受け止め方を制御できるチャンスでもあります。みんなの前、集団で対応していいことは起こりませんから、愛着障害のこどもをその場から連れ出せるときはそうします。

　それができない場合は、**預かる宣言支援**をします。「これは後で指導する」とみんなの前で宣言します。そうすると他のこどもたちは先生は何もしてくれない、何もできないとは受け止めません。そして、1対1の個別対応で**キーパーソン主導の振り返り支援**をして、後で、みんなの前では、「これだけ言おう」と本人が言っていいことを確認した後、集団に誘い、「さっき、これ言えると言ったよね、さあ、言おう」と言うように促し、それを受けて、「これが言えたのは成長だよ、みんな今日はこれでいいね。後はまた先生がしっかり支えていくからね」と確認します（**キーパーソンとのつながりを意識した主導権行使**）。

❹ 支援のポイント

・集団では感情支援せず、愛着障害のこどもへの個別支援は、他のこどもには、対応していると見せる、「預かる宣言支援」で明言することが大切です。
・いつも、キーパーソンとのつながりを意識した主導権行使を意識します。

Ⅱ：行動・現象への支援㉖

徒党を組んで教師に反抗し、くってかかります。場を考えず不規則発言をします。

❶ 現象

　説得・指示に従わず、こどもたちが徒党を組んで、教師に反抗し、くってかかる、モノを投げつけたり蹴りを入れたりする、そんなことを繰り返します。教師の制止や、他のこどもの言動にくってかかり、場を考えずに自分の思いを不規則に発言します。

❷ 原因と意味

　目の前で起こっていることは、教師への激しい反抗・暴力ですが、まず、思いを致していただきたいのは、愛着障害、愛着の問題を抱えるこどもたちは、感情が未発達であって、生後6か月くらいの赤ちゃんなら感じることができる、嫌悪感、不安からくる怒り・恐れは感じることができても、3歳頃には獲得する罪悪感や反省感はまだ未発達で、感じることはできないということです。

　まして、他者の捉え方・感じ方を想像するメンタライズ力はまったく育っていません。人からの指摘・指示にすぐに応えることはかえって難しいことです。感情のコントロールができないと感情爆発します。

　その状態で高学年、中学生・高校生にまで育ってしまったこどもの心の中では、大人への不信感と、かまってほしい気持ちが、何重にもからまり合い混乱しながら、渦巻いているのです。こっちをみてほしい→聞いてくれない→もっとアピール→責められる→何で？腹が立つ、と連鎖して堂々巡りしながらからまっているのです。

　しかも、そうした感情では、感じられない成就感、効力感を優位性への渇望、自己高揚で紛らわしてきましたから、教師の説諭に負けられないと、対抗心がエスカレートするばかりなのです。

❸ してはいけないかかわりとは？　適切な支援とは？

- ●「悪かったと反省しなさい」「わからない！」「言いなさい」「言えない！」の悪循環を繰り返すだけの反省を促す指示は、やればやるほどエスカレートします。
- ●相手の気持ち、まわりの気持ちを考えてという指示はできないことを強要しているのですから、できるはずがない！と反発します。できないことばかり言う人だと教師との関係性が悪化する一方です。
- ●こどもたちを何人も集めて、一人で指導している先生に出会いますが、これでは、火に油を注ぐ対応になってしまいます。こどもたちは大勢いることで力を得たと錯覚して、共闘して対抗してきます。他のこどもの反抗している姿に触発され、自分の反抗心がさらに燃え上がるということを互いに繰り返してしまいます（**共鳴現象**）。
- ⇨こどもが何人いても必ず、1対1の個別支援と、気持ちを受容して、感情のラベリング支援を心がけます。
- ⇨不適切行動が出てからではなく、出る前に「今、これしよう」「これしてていいよ」と先手支援をします。また、「この後、これをするからね」と予告して、そのとおりのことをして、**「言ったとおりになる」予告＋予定行動支援**をします。これが積み上がっていくと、予期せぬ刺激にもどう反応すればいいか、「刺激希求」の特徴を緩和していけるようになります。
- ⇨何か不適切な発言・行動をした後でも、「こういうときはこう言おうね、こうしようね」と**発言・行動コントロール支援**をします。その際は、もちろん、「こんな気持ちのときは」という感情確認は欠かせません。

❹ 支援のポイント

- ・授業でも生徒指導でも、共鳴現象を誘発する1対多の対応は避けます。
- ・予告＋予定行動支援、発言・行動コントロール支援で刺激に対する反応学習をしていきます。

Ⅱ：行動・現象への支援㉗

性的問題を抱えているこどもに困っています。

❶ 現象

性的問題を抱えているこどもに困っています。

❷ 原因と意味

性的問題への対応は、米澤（2019d）でも解説しましたが、ご相談も多いので、ここでも取り上げてみましょう。

愛着障害の「モノをさわる」「多動」という特徴が現れない代わりに起こる**相補行動**の1つが性的問題行動です。

持続的な安心感を得られないため、刹那的快感を求めて、性的行動に走ってしまうのです。ですので、相手を選ばない、誰とでもその行為をしたくなるという現象につながります。結果、こどもの場合、大人から金品を交換に得ようとする援助交際、性的非行に発展する場合もあります。

性的犯罪にまでなっている場合、［加害者］には、性被害体験があることがよくあります。また、家などで、性的行為を目撃した体験があり、それを模倣するモデル学習が関与している場合もしばしばあります。ネガティブな感情の紛らわせ行動としての性行為ですから、相手への性的な強要は、自己高揚による支配感を充足、昂進化する働きがあって、その行為を繰り返しやすくなります。

［被害者］には、ネグレクト・身体的虐待や性的虐待の経験があったりするとその愛情希求が生じますし、被害体験が被害経験のしやすさを高めてしまいます。また、愛着障害から相手に安心基地を求めてしまい、その相手を疑似安心基地と誤解して近づけてしまい、被害者になる確率を高くしてしまいます。また、脱抑制タイプの場合は、過剰な身体接触を求めますので、結果的に相手に誤解されやすくなり、性的被害を受けやすくなります。また、被害後、うしろめたさやそうしたことへの罪悪感もあり、訴えられないことがあります。

性的問題はそれを加害的に行う場合もそうでないものでも、性的行動への依存症です。ゲームやアルコール、ギャンブル、薬物への依存同様、愛着の問題が必ず背景にあるのです。性的な行動に頼らないとネガティブな感情を紛らわせられない（安全基地の欠如）、ポジティブな感情が生じない（安心基地の欠如）のです。

❸ してはいけないかかわりとは？　適切な支援とは？

◉「そういうことはしてはいけない」という禁止対応は、まったく意味をなしません。自己防衛でしたことも認めないでしょうし、代わりの安心感を誰も与えてくれないのでは、その行為だけ止めることはできないのです。

◉自分を大切にしようという説諭は、大切にされたことのないこどもには効力がありません。自分を大切にすることがなぜ必要か、大切にするとは何か、どうすれば大切にすることになるのかが、さっぱりわからないからです。ですから、ある価値観や認知や行動パターンだけを学習する心理教育プログラムやソーシャルスキルトレーニングもまったく効果がありません。そこに感情学習を取り入れて、その場限りの感情的正解は学習できても、愛着形成ができていないと、その感情をいつ、誰と分かち合うのかがわからず、実際の生活での行動改善にはつながらないのです。

⇨キーパーソンとの安心基地支援によって、自分の気持ちをわかってくれて認めてくれる存在がいることに気づき、それによって自分の気持ちが自分でもわかるようになれば、性的行動による刹那的快感に代わるポジティブな感情経験を基盤に気持ちを整理できて、おのずと性的問題はなくなっていきます。

❹ 支援のポイント

・目の前の性的問題だけをなくそうとしても、なくなることはありません。
・愛着の視点のない支援は成功しません。愛着修復支援こそが、性的問題への支援の王道です。

Ⅱ：行動・現象への支援㉘

幼児ですが、性器いじり、性器こすりつけ行為が目立ちます。

❶ 現象

幼児ですが、性器いじり、性器こすりつけ行為が目立ちます。

❷ 原因と意味

性器いじりには性的な意味はありません。

これは愛着問題を抱えるこどもの特徴であり、発達の幼さや知的障害などの発達の脆弱性（ぜいじゃく）があるとき、安心基地の希求から生じる「モノとの関係」が昂進化して発生する習癖異常です（**安全・安心基地希求**）。

また、プライベートゾーンをさわると、大人も過剰に反応したりします。ですから注目されたい・アピール行動としてそれが増幅されます。

❸ してはいけないかかわりとは？　適切な支援とは？

◉注意しても愛情欲求行動を誘発して、その行動はかえって増えます。スルー、無視しても、安心感欠如は変わりませんから、行動は減りません。
⇨先手支援で、別の行動をこちらからの誘いでするように仕向け、それができたら褒め、「嬉しいね〜」と感情のラベリングをすれば、この行動はおのずと消滅します。

幼児に感情のラベリング支援をするときに大切なのは、いつも同じ表情、いつも同じ声のトーン、身振りを心がけることです。いつもと違う対応をするとこどもを不安に陥れます。「この人は楽しいとき、いつも同じ対応をしてくれる」と感じることが安心感につながるのです。

❹ 支援のポイント

・その行動を減らすのではなく、望ましい行動を増やしてその行動を減らします。

Ⅱ：行動・現象への支援㉙

認知機能の発達が遅く、感情のラベリングが難しいのです。

❶ 現象

こどもの認知機能の発達が遅く、感情のラベリングが難しいのです。

❷ 原因と意味

感情学習には認知機能が必要です。身体に生じた生理的情動反応はどの感情から生じているかを認知して初めて感情を学習できるからです。最近、幼児教育などで**非認知能力**という言い方をしますが、認知機能を使わない心的機能は存在せず、認知でない能力はありません。認知能力だけではできないことを、非認知能力と理解すべきです。

認知機能の発達が遅い場合、感情認知・感情学習が難しくなりますので、感情のラベリングの工夫が必要です。

❸ してはいけないかかわりとは？　適切な支援とは？

●叱咤激励しても意味はありません。褒美にシールをあげる支援もシールと感情認知が結びつかないと、最初は刹那的に喜びますが、これは持続した学習にはつながりません。

▷認知機能を補強する**意識化支援**が必要です。行動始発の合図に音刺激、光刺激、同じ声かけ、合い言葉、ボディタッチなどの開始スイッチを設定して（**スイッチ設定支援**）感情学習を始めます。感情認知についても、その子がわかりやすいモダリティを使用します。決め言葉の感情語（やったね！）や擬音語（ジャーンなど）、わかりやすいキーパーソンの表情、表情カード、身体表現（Vサイン、バンザイなど）で確認します。こどもに「あのときと同じ」とわかるよう、認知（いつ）、感情認知（どんな気持ち）、行動（何をする）の感情発生パターンの連合学習を心がけるのです。

❹ 支援のポイント

・感情認知を助ける「意識化支援」で、認知・感情・行動の連合学習をします。

III：ASD+ADの第3タイプの愛着障害への支援①

勝ち負けにこだわり、負けると相手や周囲のこどもを攻撃したり、すねたりします。

❶ 現象

　勝ち負けへのこだわりが強く、自分が負けると相手や周囲のこどもを攻撃したり、すねたりします。

　血や武器が好きで、そのような本を好んで読み、その方面のコレクションもしています。だからでしょうか、「殺すぞ」という発言がよく出ます。

　スピーカーの音が嫌いで、校内放送が始まるとどこかにいなくなります。

　怪我をしたときも、「腕を木で堅く固定してほしい、テープや絆創膏は嫌だ」と言います。「プール見学は出席と言ったよね」と一度認められたことには次回も必ずそうするよう、要求します。

❷ 原因と意味

　ASD＋ADの第3タイプの特徴です。

　ASDの「こだわり」という認知の特徴は、愛着の問題と結びつくと強くなります。そしてそれは、武器や血のようなおどろおどろしいものに執着したり、勝負にこだわったりします。つまり、そこだけを見てしまう、聞いてしまう、感じてしまうという認知焦点化がこだわりの原因で、他のものはそこにあっても認知しないことになります。それが気になる知覚（感覚）過敏、気にならないものはまったく気にならない知覚（感覚）鈍麻の状態になり、合わせて、知覚（感覚）異常と呼ばれます。

　そこに愛着の問題があると、「優位性への渇望」から相手に勝てば、低い自己評価が上昇しますから、相手に勝つことにこだわりが強化されます。ネガティブな感情の紛らわせ行動から危険な行動をしがちですが、それが血や武器へのこだわりと合致しやすく、のめり込んでしまいます。

　「ここにいればいい」「これをしていればいい」という居場所感を感じると安定していますが、それがなくなると感情的に不安定になります。予定が急に変

更されると予定不安が増幅され、多動や感情混乱を起こします。ですので、自分の思いと食い違うことが起こると（突然）感情パニックを起こしやすくなります。

　認知焦点化が行動を固定しますので、ある行動を絶対するように固執します。自分の言い分を押し通すというのも、認知焦点化に優位性への渇望が付加されて、自分のこだわりの言い分を押し通すことで、自己評価の確認・向上を期しているのです。

❸ してはいけないかかわりとは？　適切な支援とは？

◉「それはだめという対応はしてはだめ」を合い言葉にしてください。禁止・制止するほど、焦点化の認知は昂進化して強まり、否定されたことで、自己防衛、自己高揚の気持ちが高まり、かえって、それに執着して自分を守り、自分を否定する相手を攻撃しようとしてしまいます。

◉このタイプの特徴として、そのこだわりの行動に「どうしてそんなことをするのか」と理由を聞くと独特の理由が返ってきて、その反応にむしろ大人が感情的になってしまうことがよくあります。理由を聞く対応は、こどもへの厳しい対応を誘発しやすいので、理由は聞かない方がいいのです。

◉「あなただけ特別扱いできない」という対応を明言すると、自分の思いを否定されたと受け止め、自分の地位低下を危惧して、かえってかたくなになり、相手に対して攻撃的になります。

⇨焦点化された**認知を逸らす支援**が有効です。勝負にこだわる場合、別の役割として「審判」の役割を与えれば、勝負から逸らすことができます。審判は役割的にも権限があり上位ですから、自己高揚感を持てます。モノを投げたりする行動には、「足上げるとかっこよくて気持ちいいよ」と逸らして、**感情確認後、感情連結された代替行動支援**をします。武器へのこだわりも同様に、他にかっこいいと感じるものにすり替えていきます。黒光りの光沢が好きなようだったら、黒光りする容器収集にすり替えます。また、それで費用がかさむのを危惧すればそれを製作するという、キーパーソンとの一緒の活動に活用します。怪我を木で固定することにこだわるのであれば、「しっかり固定するなら、この特別テープだよ」としっかり固定という点に焦点化させ、そこを特徴とする別のものにすり替えます。あるいは、「先生はテープで固定する術の名人なんだよ」と言いながら、やはり、しっかり固定を別のものにすり替えるのです。こだわりは強くその面だけを認知しているので、正面から否定して、剝がそう

とするとかえって固定化されますが、ずらしてあげると堅い接着を外すことができることがあるのです。

⇨「それは認めるけど、これだけはついでにしてね」とこだわりを認めつつ、少し許容範囲を広げる支援が**認知を広げる支援**です。「それは認めるけど、これはできないけど、いいよね」と要求の範囲を限定する**限定化支援**も使いながら、こだわりを緩和していきます。特別扱いは必要です。どこだけを特別扱いするかを明確にして、他はしないことを確認することも大切なのです。

⇨感情と一緒で理由も言いあててあげます。どの理由を言っても「違う」という反応が返ってきたら、「わかんなかったんだよね。大丈夫だよ」でおさめればいいのです。

⇨「そろそろそれを言いに来ると思ってたよ」という**予期・既知を装う主導権支援**はこのタイプにも効果的です。

「**言ったとおりになる」予告＋予定行動支援**も、予定不安のあるこのタイプに効果的です。加えて、知的発達の問題を持つこどもに実施した、パターン音呈示・手を叩くなどの始発の**スイッチ設定支援**も、そのスイッチにうまくはまってくれてこだわってくれると非常にスムーズに学習が進行します。スピーカーの音を嫌がるということは、別の音には好意的である可能性が高いので、違う音を呈示するスイッチに使えるか試してみるといいでしょう。もちろん、音刺激をすべて拒否するこどももいます。

⇨しかし、一番、大事なのは、人間関係の支援、すなわち愛着の支援です。同じことを提案しても、「この人が言うなら、言うことを聞かない」というように、人によって反応が違います。

このタイプでの安全・安心基地は、米澤（2015c；2018a）で述べてきたように、完全な安全・安心ではなく、「それでもいいよ」「それならいいよ」と許容範囲に入る関係性を意識することが大切です。よくお話しする事例ですが、ある幼児は、支援してくれる保育士の先生を「〇〇鬼」と呼んだ時期がありました。他の先生は呼び捨てでした。これはこの子からの「あなたにはかなわないよ」という敬称なのです。しかし、自分の思いとまだ食い違いがあるので、先生を「鬼」と呼ぶのです。もちろん、言われたことには渋々ながら従うのです。この称号が「〇〇大先生」になったとき、支援はゴールにたどりついたと言えるのです。

❹ 支援のポイント

・こだわりは否定せず、認めつつ、認知を逸らす支援、こだわりをすり替える、認知を広げる支援、限定化支援で緩和します。
・予期・既知を装う主導権支援、「言ったとおりになる」予告＋予定行動支援、スイッチ設定支援が効果的です。
・その支援の成功の成否は、基盤としての愛着形成にあります。

III：ASD+AD の第 3 タイプの愛着障害への支援②

「にらまれた」「笑われた」と訴えながら、「一生呪ってやる」などとひどい暴言を言い続けます。

❶ 現象

あいつに「にらまれた」「笑われた」と訴えながら「一生、呪ってやる！」などと、ひどい暴言をずっと言い続けます。

❷ 原因と意味

この第 3 タイプの自閉の特徴である焦点化認知という認知の歪み（本人は歪んでいるとは思っていませんが、一般的な捉え方と違うことを歪みと表現しました）に、愛着の問題からである、「自己防衛」が加わると、その特異な捉え方を信じ込むことが自身の安全基地の確保につながると捉え、その特異な捉え方からますます逃れられなくなって執着し、それを脅かす相手に対しては、執拗な攻撃をしてしまうのです。

❸ してはいけないかかわりとは？　適切な支援とは？

●注意すると、愛着障害の自己防衛と焦点化された認知の強化が相互に強固に結びついて、絶対に言うことを聞かないという堅い固執へと助長します。スルー、無視はまったく効果がありません。
⇨認知を逸らす支援で、違うモノ、人、場所に向けて意識を逸らします。
⇨安全・安心基地となる居場所支援が必要です。
⇨**橋渡し支援**（米澤, 2015c；2018a）で、相手の捉え方を伝え、「自分が嫌だと思ったらこう伝えよう」と捉え方の支援、気持ちの代弁、言い方の支援をします。

❹ 支援のポイント

・捉え方の支援は、橋渡し支援でも意識します。

Ⅲ：ASD+ADの第3タイプの愛着障害への支援③

激しく泣きわめき、なかなかおさまりません。

❶ 現象

激しく泣きわめき、なかなかおさまらないのです。

❷ 原因と意味

ASD＋ADの第3タイプによく見られる感情混乱の状態です。お漏らし、大暴れする、手当たり次第にモノを投げまくる、なども見られます。泣きに現れる場合、うなり泣きをすることもあります。あるリズムやテンポを何度も繰り返すような泣きなので、これをカエルの声泣きと表現した人もいます。これはASDの常同行動が関与するため、繰り返しのフレーズが見られる泣きになります。

焦点化した認知は、ある感情に焦点化すると、なかなか、その感情から離れられなくなります。加えて、責められたくないという自己防衛のため、わめくことやずっと泣き続けることで、取りつく島がない状態を助長します。アピールが加わって、ときどきこっちを見たり、逆に、その際、威嚇したり攻撃したりするこどももいます。

❸ してはいけないかかわりとは？　適切な支援とは？

◉止めさせる対応もいけませんが、ただ放置する対応もよくありません。ただ放置すると自分で立ち直るチャンスを与えてしまい、愛着の問題と自閉を併せ持っていると、絶対と言っていいほど、他者の関与を遮断してしまいます。
⇨放置ではなく、どうしたのと追い込まず、そっと見守り、気持ちをときどき言いあてたり、「大丈夫だからね～」と受容的態度をとって見守ります。身体のどこかの部位をさわってあげると落ち着くこともあります。加えて、逸らす支援、安全・安心基地となる居場所支援をします。

❹ 支援のポイント

・禁止と放置は禁物。見守り支援・居場所支援が大切です。

III：ASD+AD の第 3 タイプの愛着障害への支援④

嫌なことはしたがらず、好きなことしかしません。

❶ 現象

　嫌なことはしたがらず、好きなことしかしません。「こうしよう！　〇〇の時間だよ！」という声かけもなかなか、成功しません。

❷ 原因と意味

　感情対比だけで感情の積み上げがないのも ASD ＋ AD の第 3 タイプによく見られる特徴です。好きなことは気晴らしや快感と感じてするのですが、嫌なことは失敗しがちで、面倒だから忌避します。ポジティブな感情は利那的で継続せず、ネガティブな感情は持続しやすい（米澤, 2015c；2018a）のですが、このタイプではそれが昂進化して強くなっています。

　「嫌」と言うことで主導権を握ることができるので、主導権を意識して自己高揚がでると、促しを拒否しやすくなります。

　また、できたという成果のイメージができませんし、その声かけは何をすることなのもかわからないことがよくあります。

　具体的な行動でない指示（たとえば、「ちゃんとして」などという擬態語を使った支援）はわかりにくいですし、人によってその捉え方が違うので、かえって共通理解ができません。具体的にその行動がわからないので、「服を着て」「話を聞こう」と言われても、何をしていいかわからないのです（特に幼児）。「服」という言葉でズボンもシャツも表現していては、こどもにはわかりません。「話を聞く」と言われて、具体的に何をすればいいか想像できないのです。

　ですから、その場の好悪感・欲求という感情に認知が左右されます。したいこと、好きなモノはイメージしやすく成果が見えるのですが、したくない、嫌いなモノはイメージできないのです。また、愛着の問題から、認知を起動する感情のムラがあり、気持ちが乗らないと、そもそも見ようとも、しようともせず、そのときの感情状態に非常に左右されます。

❸ してはいけないかかわりとは？　適切な支援とは？

●「嫌いなこともやりなさい」と真正面から叱咤すると、反発し、その行動に対する忌避感が、かえって増えてやりたくなくなり、それを要求する人への嫌悪感が増え、敵意すら覚えてしまうのです。

⇨**できる・好きを広げる支援**をします。好きなことをすることがその場かぎりの快感ではなく、できるという効力感とつながれば、嫌いなこともその上に積みあがっていきます。「これ好きだね。好きだからできるね」から「できるから好きだね」と広げます。そして、「これができるから、それもやってもいいよ」くらいのニュアンスで積みあげていくのです。

⇨**認知スイッチ・行動スイッチの設定**として、この合図でこれをすると、こんな気持ちになるという学習をします。

その際、「1つだけ学習」を心がけるのがコツです。あれもこれもさせてはいけません。真の具体的行動の1つだけ学習できたことの感情の振り返り、成功体験の意味づけをします。そしてその1つだけ学習をつないでいきます（**1つだけをつなぐ学習**）。「右手だけ、ここに入れて、できた！　忍者だ！」「目をみて！　できた！　そう、手はお膝！　できた！　いい姿勢！　この足を揃えよう！　できた！　かっこいい！」とつないでいくのです。

なりきりイメージの声かけ支援も幼児、低学年では成功しやすいと言えます。「お兄ちゃん座り！　かっこいい！　背筋マン！」こうした枠組みが気持ちのムラを超越できるようになるのです。

こうした支援は、タイミングを計ることが大切です。「愛情の器」モデルで示したように、器に蓋がありますので、同じ指示も今は入らなくても、時期をずらすと効果がでてきます。

予告＋予定行動支援に**納得印支援**を組み合わせます。こうすればいい行動・感情学習が予期せぬ刺激にどう対処するかを学び、「これでいける！」と納得すれば、その枠組みと合致しているので、非常にスムーズにできるようになるのです。

❹ 支援のポイント

・さまざまな認知支援・感情支援・行動支援を組み合わせて、タイミングよく支援します。

III：ASD+ADの第3タイプの愛着障害への支援⑤

失敗したら固まって動かなくなります。クールダウンしようとしても、なかなか部屋を出ようとしません。

❶ 現象

　失敗したら固まって動かなくなります。したくないと泣き叫ぶこともあります。

　クールダウンしようとしても、なかなか部屋を出ようとしません。何かいいコツはありますか？

❷ 原因と意味

　「失敗した」ということは自己評価の低下を恐れる事態ですが、それを受け入れられなくて、一切をシャットアウトするのが、ASD＋ADの第3タイプの「固まる」現象です。自分の思いと食い違うときに起こります。平均30分くらいなのが、第2タイプの抑制タイプの長期の人間関係遮断と異なる点です。シャットアウトして自己防衛しているのに、「どうしたの？」とかかわってしまうと、シャットアウトが30分でなく数時間に長引きます。

　クールダウンは、そうした状態から切り離して、感情の落ち着きを取り戻す支援ですが、このタイプではうまくいかないことがよくあります。前述してきたように、その状態に自閉する特徴から離れられにくいのを、愛着の問題が感情として固定してしまうからです。

❸ してはいけないかかわりとは？　適切な支援とは？

◉「失敗しても大丈夫な子を育てる」と大上段な心がけを形成してはいけません。失敗体験は受け入れられないからです。
◉その部屋から自分だけ連れ出される感、疎外感が、クールダウンのための部屋からの連れ出しを拒む理由です。部屋に入れようとすると拒むのは、そこに閉じ込められる感を感じると「嫌だ」につながるからです。
⇨固まった場合、見守りながら、そっとしておくとしばらくすれば溶けていき

ます。
⇨言うとおりにしてみると絶対成功するという「誰かと一緒の成功体験」を作っていくことで、失敗して固まることを減らしていくことができます。その体験・関門のレベルを下げて、できるものにすること、でもそれを本人が「そんな簡単なことしたくない」と思わない仕掛けが必要です。「部分的にここがおもしろい」「ここができるのがすごい」と意味づけます。これも**限定化支援**の一種です。
⇨教室にいる人が連れ出そうとすると、焦点化認知にネガティブな感情がくっついて最大の抵抗をします。ですから、部屋の外にいる教職員が誘うと出やすくなります。これも**逸らしの支援**です。

　その部屋に行く目的を明示します。そこに行く納得ある理由があれば、行きやすくなります。**納得印支援**です。たとえば、「水飲みにいこう！」「ちょっとお客さんに出す水、味見して！」などです。
⇨クールダウン支援は刺激の少ない部屋に移動して、固まるきっかけの刺激と切り離す逸らし支援です。その部屋へ行くことの忌避感には、居場所感を感じる効果を付加する必要があります。そこではこれができるという作業の居場所、そこには安心できるこの人がいるという人間関係の居場所などです。

❹ 支援のポイント

・「失敗は乗り越える」支援をするのではなく、失敗しても大丈夫な支援のためにも、失敗から逸らすためにも、成功体験を意識します。

Ⅲ：ASD+ADの第3タイプの愛着障害への支援⑥

激しく大暴れをするので、対応に苦慮しています。

❶ 現象

非常に激しく大暴れをするので、対応に苦慮しています。何人かがかりで抑えても、なかなかおさまりません。

❷ 原因と意味

ASD＋ADの第3タイプの大きな特徴が、この非常に激しい攻撃行動、パニック的攻撃です。

パニック的攻撃行動は、学校では、朝の時間、昼休憩、掃除の時間、体育の着替え、班活動や総合学習の時間、書道、音楽、図工、教室移動時に、保育所、幼稚園、こども園では給食の用意の時間や自由遊びの時間など、無秩序な時間にしばしば起こります。感情と合致しない状況が起こりやすいからです。

自分の思いと食い違ったとき、否定されたと受け止めたとき、発生しやすいようです。

パニック的攻撃ですから自分でもなぜ、何を攻撃しているか、混乱してわからない状態のままに、手当たりしだいに攻撃してしまいます。長期間（と言っても固まる現象と同じで平均30分くらいです）持続する混乱的攻撃で、止めようとするほど、止まらなくなります。

❸ してはいけないかかわりとは？　適切な支援とは？

●真正面から、制止しようとすればするほど、感情混乱・自己防衛に恐怖心が加わって、止めることができなくなります。

⇨まずは逸らし支援をして、ネガティブな感情から逸らします。好きなモノ、好きな生き物、好きな話、好きな音楽、音、映像を活用します。

クールダウン支援で落ち着いた後（パニックを起こしたときにいなかった人が誘われて同席します。パニックを起こした原因となったかもしれない、すべての刺

激と切り離すことでフラッシュバックを防ぐ効果にもなる**逸らし支援**です)、**キーパーソン主導の振り返り支援、感情確認後、感情連結された代替行動支援**をします。本人のこだわっている、褒めてほしいことを褒めるのがコツです。最近、そうなってきていることを1対1で褒める**変化・成長の認め支援**も有効です。

⇨パニックを起こしにくくするため、無秩序な時間を作らない環境整備、構造化した生活支援が重要です。教師との関係も強化でき、どんな環境でも本人にとっては無秩序になりにくい支援が**役割付与支援**です。役割があれば、無秩序な場所・時間でも、それさえすれば認められるからです。役割にぴったり認知がフィットすると、このタイプでの成果は抜群で、劇的な効果を示します。小さいこどもや生き物の世話役などは、ぴったりの役割になることがよくあります。

❹ 支援のポイント

・逸らしの支援は支援開始のために必須です。
・役割付与支援は、環境支援にもなる、低コストで高効果の支援です。

Ⅳ：保護者支援①

保護者がしっかりかかわっているように見えるのに、愛着の問題があるのはなぜですか？

❶ 現象

保護者がしっかりかかわっているように見えるのに、愛着の問題がある場合の対応について教えてください。

❷ 原因と意味

親の敏感性・感受性の問題です。保護者は十分かかわっているつもりでも、こどもの受け止めとしては、保護者は自分がしたいことをしているだけで、こどもの感情や要求に鈍感であったり無視していたりする可能性が高いのです。愛着の問題はこのようなケースでも、いっぱい起こっています。

❸ してはいけないかかわりとは？ 適切な支援とは？

◉保護者に意見する対応はしてはいけません。自分のしていることを否定されたと受け止め、保護者との関係が決裂してしまいます。

⇨こどもの受け止め方を察知して、こどもへの支援に重点を置きます。言葉の端々に見えるこどもの保護者に対する不満、わかってくれていない思いに寄り添い、「お母さんは〜してくれるけどなあ、〜ってことになるんだよな」と受け止めて、本人の「こうしたいよな」を学校園所でどう実現するかに力を注ぎます。

⇨こどものいい変化という証拠があって初めて、さまざまな進言は保護者に届きやすくなります。

❹ 支援のポイント

・保護者に気づいたことを、すぐに直接、進言して、改善されることは期待できない。まず、こどもへの支援を強化して、こどものいい変化を確認してから、保護者とその証拠をもとに、話をするきっかけとします。

Ⅳ：保護者支援②

保護者が優しく対応しているのに、こどもに愛着の問題があるのはどうしてですか？

❶ 現象

　保護者が優しく対応しているのに、こどもに愛着の問題があるのはどうしてでしょう？

❷ 原因と意味

　愛着の問題は、親のかかわりをこどもが受け取っていない場合、受け取れていない場合にも発生します。こども自身の、親のかかわりに対する認知の感受性が低い、あるいは、感情の感受性そのものが低い場合です。ASD＋ADの第3タイプではこの可能性がよく見られます。こどもの受け止め方を支援する必要があります。

　もちろん、優しく対応しているのは、親の自己満足で、親がその優しさをこどもに届けようとしてはいない場合、優しい親を演じているだけの場合もあります。こどもの言いなりになることが優しさだと勘違いして親が無条件の受容をしている場合もあります。

❸ してはいけないかかわりとは？　適切な支援とは？

◉親にかかわり方の進言をすると、まじめな親ほど自信喪失します。
⇨キーパーソンが**橋渡し支援**をします。「お母さんがこう言っているのは、こう受け止めてね」とこどもに受け止め方支援をして、「この子の思い、お母さんにも伝わりましたね」と親の受け止め方支援もします。そうして、相性の不一致、感受性のチャンネルの食い違いを修正していくのです。
⇨前述のケースと同じで、親の自己満足は自己防衛を意味し、指摘すると傷つきたくないと拒絶しますので、こども支援に特化します。こどもの言いなりになっている親の場合は、こんなことも自分はこどもにできるんだという経験をするために、親の効力感を高める、親子と教師で一緒のことをする協働作業を

します。その際、親がかかわって、こどもに何かができるチャンスを作るのです。

❹ 支援のポイント

・こどもへの支援から始め、そこに親をどう巻き込んでいくかを考えていきます。

IV：保護者支援③

保護者にこどものいいところを伝えても、不満いっぱいの受け取りをされるのですが？

❶ 現象

保護者にこどものいいところを伝えても、保護者に不満がいっぱいの受け取りをされる場合、どうすればいいでしょう？

❷ 原因と意味

こどものいいところではなく、端的に短所を知りたい、それを何とかしたいというだけの保護者もおられます。

また、こどもがいいところを見せるのは先生が対応しているからで、「先生だからできる、私は無理」と思っている保護者もいます。

ご自分の不満、ネガティブな感情がいっぱいで、自分の方に関心を寄せてもらう手段として、こどもには障害があり、問題があると認識してもらいたくて、またそれによって、自らの精神的満足を他者から得ようとしている代理ミュンヒハウゼン的様相をきたす保護者もいます。

保護者自身の自尊心の高さから、あるいは、自閉的傾向があって、相談したいことを話さないので、話がかみ合わないこともあります。

❸ してはいけないかかわりとは？ 適切な支援とは？

●相手の望んでいること、相手の精神状態を把握しないで、こどものいいところを伝えれば、親は必ず喜ぶと思ってはいけないのです。
⇨相手の受け取り方を把握しながら、必要としている情報だけ、保護者にとってふれられてもいい気持ちだけを取り上げて伝えることから始めます。こどもの短所を知りたいと思っている保護者でも、その伝え方が否定的になるととたんに受け入れられなくなりますので、肯定的に「ここを伸ばしていきましょう」と伝える必要があります。

一緒の作業をしたり話したりして関係性ができたら、言っていいことが増え

ていきます。こども以外のことで話題を作ることも大切です。

❹ 支援のポイント

・受け止め方の察知は、こども同様、保護者支援でも必要です。保護者の受け止め方を気持ちの共感をとおして探っていきます。

Ⅳ：保護者支援④

保護者の言い分とこどもの言い分が食い違う場合の対応はどうすればいいでしょう？

❶ 現象

　保護者の言い分とこどもの言い分が食い違う場合の対応はどうすればいいでしょうか？（親に悪口を言われたと言うこどもと、こどものことはいつも心配しているんですと言う親）

❷ 原因と意味

　保護者が本当のことを言っている場合と、自分が責任を感じたくないことから心配しているフリをして、自己防衛としていい親を演じている場合の、2つの可能性があります。
　こどもの場合は、注目されたい・アピール行動として、ウソを言っている場合と、親の行為の受け止め方が親と食い違っている場合とがあります。

❸ してはいけないかかわりとは？　適切な支援とは？

●こどものもめごとと同様、両者の前で聞きただして裁定してはいけません。保護者とこども、こどもと教師、保護者と教師の三者関係をすべて悪化させるだけです。
⇨この場合も個別対応します。保護者とこどものそれぞれの受け止め方を確認し共感します。両者から聞き取った結果、一致した点だけを両者に伝え、違うことは預かっておいて、両者には言いません。まず、関係悪化を防ぎ、共通点があることを意識してもらって、そこから、つなぐ支援をして解決していきます。

❹ 支援のポイント

・愛着の問題には、こどもも大人も個別支援で臨みます。

Ⅳ：保護者支援⑤

保護者のこどもに対する対応が一貫していません。自傷行為があっても気にしない場合はどうすればいいですか？

❶ 現象

保護者が（突き放したりかまったりと）一貫した対応をせず、こどもの自傷行為があっても気にしない場合の対応はどうすればいいですか？

❷ 原因と意味

気分のムラによる恣意的かかわりは、こどものことを思ってではなく、かかわりたいときにだけ、自分勝手な気分でかかわっている可能性があります。

保護者が自分で責任を感じたくないことから、こどもの問題を見ようとしていない可能性が濃厚です。自己防衛の特徴があります。

❸ してはいけないかかわりとは？　適切な支援とは？

◉「保護者が変わるしかない」と諦めるのは無責任な対応です。愛着の根本問題は保護者だけではなく、誰でも特定の人になって解決することができます。
◉最初から、保護者に変わってもらおうとする支援は、非常に難しいので、徒労感を感じるだけです。
⇨保護者のこどもへのよくない影響を最小限に抑える支援をします。こどもが、家から学校に来ているのではなく、毎夕、こどもを安心基地の学校から（危険な？　危険かもしれない？）家に「送り出し」、毎朝、「お帰り」と学校に「迎える」という意識をまず持つことです。そうすれば、せっかく学校で支援したことを家で壊されると感じなくてすみ、教師、保育士の気持ちは楽になります。この子を守ろうという、こどもを守る意識を明確に持てるのです。

❹ 支援のポイント

・こどもの安全・安心・探索基地になること、これが一番です。

Ⅳ：保護者支援⑥

こどもの情報を伝えても聞く耳を持たない保護者（同僚の教師、保育士、指導者）にどう対応すれば？

❶ 現象

こどもの情報を伝えても聞く耳を持たない保護者（同僚の教師、保育士、指導者の場合も）、忙しそうにして聞こうとしない保護者（同僚の教師、保育士、指導者の場合も）には、どんな対応をすればいいでしょう？

❷ 原因と意味

その人自身に、愛着の問題である自己防衛の特徴があって、自分のやれることしか聞こうとせず、できないことを聞くと自分が不安定になると思っている可能性があります。

自分ができる得意なことがあってそれ以外のことはしたくない、そんな話は必要ないと思っている（それは教師の仕事であり、保護者のすることではないと思っている）、人の言うことを聞く必要がないと思いたい虚勢の自信など、優位性への渇望が想定されます。

❸ してはいけないかかわりとは？　適切な支援とは？

◉こどもの情報を全部伝え、逆に相手から、全部聞こうとしても、必要性を感じないので聞く気がない、そんなことを伝えても意味がないと思っている、そもそも情報収集していないなどでうまくはいきません。
◉こどものためにしてくださいと伝えても、こどもにそこまでする必要がないと拒絶されます。
⇨1つだけ伝えることを意識します。また、情報だけ伝えても使い方もわからないし、たくさん伝えても使う気もないのですから、「これだけ」と1つだけを伝えるのです。
⇨情報は「こういうことなのでこうしてください」として、支援とセットで伝えます。「この情報はこう使ってこうしてほしい」と使い方や対応もセットで

伝えるとやりやすくなります。どうすればいいのかを考える手間を省く支援です。逆に、「こうして」とだけ伝えても、なぜそうする必要があるのかが伝わりません。

⇨相手の自尊心利用対応を心がけます。大上段に「こどものために」とは言わず（言うとかえって、嫌がられます）。「これ、お母さん（先生）が得意なことですよね、お母さん（先生）ならできると思うので、してほしいのです」と伝えます。結果として、こどもに利するようになればいいのです。

⇨家で困る情報を教室で収集します。自己防衛があれば、困っていると言えないのですが、「私もこれで困っていて、こうしたらうまくいきました」と困り感を共有できると、自己防衛の壁が溶けていきます。

❹ 支援のポイント

・必要な1つの情報だけを厳選して、どうすればいいかの情報も1つだけ付加して伝えます。

　★保護者、親という立場、愛着の問題の有無にかかわらず、こどものことについては、自己防衛になりやすいものです。こどもは何事も問題なく育てて及第点、問題が発生すれば保護者のせいだと減点される減点法の評価をされるからです。ここで、保護者の自己防衛の現れ方、対応の仕方をまとめてみましょう。

[保護者の［自己防衛］の現れ方]
- 問題ないと言い切る。弱みを見せない。
- 学校園所の対応を責める（自分は悪くない、学校の対応が悪い）。威圧的態度をとる。クレーマー的になる。
- こどもの問題を言い立てる（問題焦点化して指摘魔的な自己高揚＋自己評価を下げないため、大変さをアピール）。早口、非応答的に言う。
- いろいろな相談機関に相談して大変さをアピールする。
- こどもの特徴の整理資料化（自己評価を上げるために自分の理解を誇示［できる親］、しかし具体的対応はしない）。
- 自分に対する周囲の評価を気にする。
- 人が見ているときだけ、こどもとかかわる。
- いろいろな施設を利用して自分のかかわりを減らす（自己評価も低く、評価不安＝かかわると自分に力量がないことが知られてしまう）。

◉権威や特定の人に依存・依拠し、虚勢を張る。

[保護者と向き合わない・寄り添うための工夫]
→第三者を利用してそれにともに向き合う形にする。
　物理的立ち位置：管理職が向き合い、担任・コーディネーターが保護者の横に座る。
　心理的立ち位置：管理職が言い渡し、担任・コーディネーターが保護者に寄り添う役割分担をする。
　例）警察・地域センターに行ってもらって一緒に対応する。
→目標を設定して、それに向き合う同志となる形とする。
　例）こどもの大変さ・目標に共感し、一緒に対応する。

[保護者支援の鉄則]
・[自己防衛的・防衛機制的] な保護者の心理⇔気持ちの受容＝思いを否定しない≠要求受容・気持ちを逸らす＋日頃の何気ないやりとりを大切にします。
・関係づくり＝一貫した対応（同じ人・同じ姿勢・連携）＋協働作業感（同じ作業を普段から一緒にする体験を増やします）
・[問題⇔対応⇔成果] セットのアレンジ提示［どこを省略し、どこから伝えるかを工夫する。問題だけを伝えることはしない、問題だけを伝えると親は自己防衛反応しやすくなる］
⇒問題の伝え方：肯定的・予言的（できないとは伝えない⇒こうしたらできる、これはいずれできるようになると表現します）

★以下の点に注意して支援・対応することが大切です。
◉保護者、親の安全・安心基地機能を誰が担うか
　⇔こどもの安全・安心基地機能の担い手との連携
◉1対1対応を支えるチーム支援＝違った役割の体制づくり
◉共有体験・共有意識の大切さ
　⇔保護者とこども・保護者と先生・こどもと先生
◉保護者の「真の自己評価」を高める支援
　保護者の自己有用感・自己効力感・自己肯定感を高める支援

★保護者対応の実際を解説してみましょう。

●保護者への伝え方の工夫

［問題⇒対応⇒成果］のセットを伝えようとしても、最初、問題の部分を伝え始めただけで、自己防衛的になってしまう保護者・親もいます。その場合は、このセットの伝え方をアレンジします。たとえば、「対応と成果」から伝えて、「こんな対応をしたら、お子さん、こんなふうに頑張ってくれました」という、いい面から伝えます。また、「問題」を伝えるときも、「これができないのです」と否定的に伝えるのではなく、「こうしたらできるのですが」と肯定的表現で伝えます。

「こんなことをしてしまった」と行動や事実だけを伝えるのではなく、「こう思ったからこうしたので、結果的にこうなってしまったんだと思います」と、そのようにしてしまったこどもの気持ちをしっかり理解していること、してしまった行動そのものが不適切やよくないことではなく、その結果として、残念なことが起こっただけだ、というように伝えます。

「気持ち」「行動」「結果＝起こった現象」を必ず分けて伝えることが必要です。そうしないと、起こった結果がよくなければ、そのこどもの行動そのものがよくない、そのときの気持ちなんてどうでもいい、という意図として伝わってしまうからです。

●保護者への伝え方の実際Ⅰ

保護者の自己防衛の強さ、現れ方によってアレンジする必要があります。伝える優先度を決め、自己防衛が出てこない場合に伝えるもの、出てきた場合には伝えずフォローするものに仕分けておきます。

①できるようになっていることを、しっかり褒めながら伝えます。
②きちんとできることが徐々にできて自信をつけていきたい、それがこの子に必要だ、と伝えます。
③まず、しっかりいろんなことができる基地を作り、そこから確実にできることを軸にいろいろできるようにしている、と伝えます。
④集団ではできないことがあるときは、不適切なことをしてしまうこともあることを踏まえていることを追加していいか、判断して入れる、入れないを決めます。
⑤どんなことしてるんですか、と聞かれたら、これは自己防衛のサインです。そういうことが起こってしまわないための措置です、と切り抜けます。

● 保護者への伝え方の実際Ⅱ
①できていることを伝え、その必要条件の対応を必ず伝えます。
　ⅰ　こういうことができる
　ⅱ　それはこんなときにできる
　ⅲ　こういう伝え方をするとできる
　とだけ伝えます。
②活動に意欲が持てなくならないようにしていると伝えます。
③伝えていいかどうかを判断しながら、意欲が出ない場合があることを伝えていいかどうかを決めます。
④意欲が出てないんですか、と聞かれたら、そうならないために慎重に対応しています、と伝えて切り抜けるか、⑤に示すフォローをするかを判断する。
⑤そんな場合でも
　ⅰ　こう言えばやってくれます
　ⅱ　こういうことはやってくれます
　とできていることを、その対応とともに伝えます。

● 保護者の要求への対応
　「気持ち」「行動」「結果」の峻別という対応は、保護者・親の学校園所への要望・要求への対応でも大切です。保護者・親が、学校園所としてはとても応えられない要求を突きつけてくることもありがちです。そのような場合、とてもそのような要求には応えられないので、「できません」と拒絶すると、要求した保護者・親の側からすれば、要求した内容、すなわち求めた結果が拒絶されただけでなく、要求した行動も、そして何より、要求したくなった自分の気持ちまでもすべてが全否定され、まったく理解されなかった、と思ってしまいやすいのです。

　ですので、学校園所として、教師・保育士・指導員は、保護者・親の要求内容と要求したくなった気持ち、その行動をしっかり切り離して受け止めます。「そのように要望されたい気持ちはよくわかる」「そのようにわざわざ要望する行動までしてくださったことに感謝する」とし、しかし「残念ながら、申し訳ないが、その要望そのものには全部お答えすることはできない」が、「こういう対応はしていく」ので、「結果として、そう要望してくださった気持ちにお応えできると思う」、さらに「今後もそのお気持ちをいつも踏まえて、努力・工夫をしていく」と伝えることが大切です。

●自閉傾向があるこどもの人間関係のトラブル

特異な認知・認知の歪みによるトラブルは、本来、本人の世界が広がるときに必然的に起こる現象で（いい傾向なのに）、保護者と連携できないとそれが保護者とのトラブルにつながりやすいのです。

その都度、キーパーソンが捉え方を教える体制（橋渡し支援）が必要＝個別支援・特別支援対応をします。

保護者対応でも、保護者の捉え方に共感し（行動や要求には共感しないでいい）、当該生徒には指導していること＋本人を心配していると伝え続けること、家庭訪問などを欠かさないこと＋前向きの指導体制の提案支援をする（＝当該、発生している事象、事件ばかりにこだわらないよう、認知を逸らす支援でもある）。

★最新の保護者支援の研究です。田邊・米澤（2009）の研究を発展、焦点化したものです。

［田並・米澤（2019）の研究成果］
（サポートと養育態度の関係）
- 親の自己受容感のなさが統制的養育態度につながります（自己効力感は統制的・応答的態度の両方に影響）。
- 具体的サポートは子育ての統制的態度につながり、情緒的サポートは応答的態度につながります。
⇒「こうするといいよ」という情報提供より、まず親の気持ちを支援するため、親の安全・安心基地を作る支援が必要です。

第3章

まとめ

行動問題への支援には、行動の意味・原因分析が必要です。愛着の問題のどの部分が原因でその行動に現れているのかをきちんと理解できれば、おのずと支援の方法は見えてきます。その行動の理由・背景を正しく理解することなしに、目の前で起こっている行動の問題をなくそう、減らそうとする、直接、行動にアプローチする支援は、まず失敗します。このことをさまざまな現象を取り上げて考えてきました。

　こども理解の大切さを学校心理学の基本姿勢と位置づけた論考（米澤, 2015a）から、こども理解と支援の関係図を紹介しましょう。

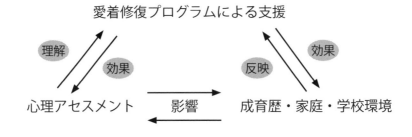

図4：保育・教育・福祉の場におけるこども理解と支援の構図（米澤, 2015a）

　安全・安心・探索の基地欠如感への支援こそが、目の前で起こっている行動の問題を解消できる方法であり、愛着形成、愛着修復の支援を成功に導くことを改めて確認していただければと思います。

引用文献

Ainsworth, M. D. S., Blehar, M. C., Waters, E., & Wall, S. (1978) Patterns of attachment: A psychological study of the strange situation. Hillsdale, NJ: Erlbaum.

Allen, J. G., Fonagy, P., & Bateman, A. W. (2008) Mentalizing in clinical practice. Washington, D. C.: American Psychiatric Publishing. 狩野力八郎（監修）上地雄一郎、林創、大澤多美子、鈴木康之（訳）(2014)『メンタライジングの理論と臨床――精神分析・愛着理論・発達精神病理学の統合』北大路書房

青木紀久代（2017）「愛着（アタッチメント）理論の成り立ちと発展」『精神療法』43, 467-473

Bowlby, J. (1988) A secure base. New York: Basic Books.

遠藤利彦（2010）「アタッチメント理論の現在」『教育心理学年報』49, 150-161

Flores, P. J. (2004) Addiction as an attachment disorder. 小林桜児、板橋登子、西村康平（訳）(2019)『愛着障害としてのアディクション』日本評論社

藤田絵理子、米澤好史（2009）「デートDVに影響を及ぼす諸要因の分析とDV被害認識の明確化による支援の試み」『和歌山大学教育学部教育実践総合センター紀要』19, 9-18

濱上武史、米澤好史（2009）「「やる気」の構造に関する研究――教師認知、学級雰囲気認知、学習観との関係」『和歌山大学教育学部紀要（教育科学）』59, 35-43

平島奈津子（2017）「「愛着障害」の流布と、概念の混乱」『精神療法』43, 463-466

上地雄一郎（2015）『メンタライジング・アプローチ入門――愛着理論を生かす心理療法』北大路書房

数井みゆき、遠藤利彦（編著）(2005)『アタッチメント――生涯にわたる絆』ミネルヴァ書房

数井みゆき（編著）(2012)『アタッチメントの実践と応用――医療・福祉・教育・司法現場からの報告』誠信書房

北川恵（2013）「アタッチメント理論に基づく親子関係支援の基礎と臨床の橋渡し」『発達心理学研究』24, 439-448

北川恵（2017）「アタッチメントに基づく親子関係の理解と支援――COSプログラムと「安心感の輪」子育てプログラムにおけるアセスメントと実践」北川恵、工藤晋平（編著）『アタッチメントに基づく評価と支援』誠信書房

宮﨑純一、米澤好史（2013）「小学生の学校生活における意欲特性、因果性の所在認知及び認知された教師の取り組み・印象の関連」『和歌山大学教育学部教育実践総合センター紀要』23, 21-33

中井真由美、米澤好史（2019）「中学生の教員への期待特性・認知特性と自己の認知特性、および学力との関連」『和歌山大学教育学部紀要（教育科学）』69, 35-44

岡田尊司（2011）『愛着障害――子ども時代を引きずる人々』光文社

田邊恭子、米澤好史（2009）「母親の子育て観からみた母子の愛着形成と世代間伝達――母親像に着目した子育て支援への提案」『和歌山大学教育学部教育実践総合センター紀要』19, 19-28

田並幸恵、米澤好史（2019）「未就園児を育てる母親の養育態度とソーシャルサポート・自己評価の関係――愛着形成の視点から」『和歌山大学教育学部紀要（教育科学）』69, 27-34

山口創（2019）「愛着の視点からの支援――身体心理学の立場から」米澤好史（編著）2019a『愛着関係の発達の理論と支援』金子書房, pp. 13-22

山本敬三・米澤好史（2018）「愛着の問題を抱えるこどもの行動に関する研究――愛着の問題行動尺度作成と意欲・愛着タイプとの関連」和歌山大学教育学部紀要（教育科学）, 68（2）, 17-29

米澤好史（2012）「こどもの学習意欲・人間関係に与える受容の効果――調査研究と発達障害への支援事例から導かれる「愛情の器」モデル」『和歌山大学教育学部紀要（教育科学）』62, 1-8

米澤好史（2014）「愛着障害・社交障害・発達障害への「愛情の器」モデルによる支援の効果――愛着修復プログラム・感情コントロール支援プログラムの要点」『和歌山大学教育学部教育実践総合センター紀要』24, 21-30

米澤好史（2015a）「学校現場における学校心理学研究の動向と課題――こどもとこどもを取り巻く環境への支援の方向性を探る」『教育心理学年報』54, 112-125

米澤好史（2015b）「「愛情の器」モデルに基づく愛着修復プログラムによる支援――愛着障害・愛着の問題を抱えるこどもへの支援」『臨床発達心理実践研究』10, 41-45.

米澤好史（2015c）『「愛情の器」モデルに基づく愛着修復プログラム――発達障害・愛着障害現場で正しくこどもを理解し、こどもに合った支援をする』福村出版

米澤好史（2016a）「愛着障害・愛着の問題を抱えるこどもの理解と支援――愛着の問題のアセスメントと「愛情の器」モデルに基づく愛着修復プログラムによる支援」『日本学校心理士会年報』8号, 17-28

米澤好史（2016b）「愛着の問題を抱えるこどもの理解と支援――愛着障害と発達障害の違いと対応」『月刊学校教育相談』ほんの森出版, 6月号, 22-27

米澤好史（2017）『愛着修復プログラムの実践――愛着障害・発達障害への支援　臨床発達心理士　わかりやすい資格案内［第3版］』学会連合資格「臨床発達心理士」認定機構（編）金子書房, 91-93

米澤好史（2018a）『やさしくわかる！　愛着障害――理解を深め、支援の基本を押さえる』ほんの森出版

米澤好史（2018b）「こどもの安全基地・安心基地・探索基地になれる親」『月刊児童心理』金子書房, 8月号, 52-57

米澤好史（2018c）「発達障害と愛着障害」『発達障害白書2019年度版』明石書店, 62-

63

米澤好史（2018d）「愛着障害の実態と対応・支援」『指導と評価』日本図書文化協会，12月号，12-14

米澤好史（編著）（2019a）『愛着関係の発達の理論と支援』（本郷一夫［監修］シリーズ「支援のための発達心理学」）金子書房

米澤好史（2019b）「愛着障害の情動発達のアセスメントと支援」日本発達心理学会第30回大会ラウンドテーブル，本郷一夫（企画）『支援という観点からみた情動発達のアセスメント』，RT49, 142

米澤好史（2019c）「事例でわかる！ 愛着障害」『月刊学校教育相談』2019年4月号〜2020年3月号　ほんの森出版

米澤好史（2019d）「愛着障害と性に関わる行動の問題」小野善郎（監修）和歌山大学教育学部附属特別支援学校性教育ワーキンググループ（代表 藤田絵理子）（編著）『児童青年の発達と「性」の問題への理解と支援――自分らしく生きるために　包括的支援モデルによる性教育の実践』福村出版

米澤好史（2022）「第10章　発達障害と併存する精神障害の理解と支援」本郷一夫・大伴潔（編著）公認心理師スタンダードテキストシリーズ『障害者・障害児心理学』ミネルヴァ書房

おわりに

　2015年に福村出版から、『発達障害・愛着障害　現場で正しくこどもを理解し、こどもに合った支援をする「愛情の器」モデルに基づく愛着修復プログラム』という本を出させていただいて以来、子育て・保育・教育・福祉・医療の現場でこどもとかかわっている方々から、たくさんの「役に立った」「こどもを見るポイントが変わった」「こどもへのかかわりを変えたら劇的に改善した」とのお声、反響をいただきました。また、さまざまな形で、愛着障害の理解とその支援の実際について、書く機会も飛躍的に増えてきました。

　この本は、現場でかかわらせていただいた先生方、親御さん、さまざまな方からいただいたご質問、ご相談を、あらためて、愛着の問題の現れ方のパターンとしてまとめ、その現象、行動はどのように理解すべきであり、どのように理解して支援すれば改善するのか、どのようなかかわりがいけないのかについて、いわば「愛着障害支援の法則化」をめざして書いたものです。

　こどもとかかわるときの「指南書」、というのは僭越かもしれませんが、ぜひ何かしらの指針として活用していただき、支援される方が支援のしやすさ、かかわりやすさを実感し、結果として、こどもにとって「いい支援」が実現していくことにつながれば、これに勝る喜びはありません。

　出会ったこどもたち、かかわっていただいた支援者の方がた、人たちのすべての方に心より感謝しつつ、明日からもまた、愛着支援の現場を走りまわる決意を新たにしております。

米澤好史

著者紹介

米澤好史（よねざわ　よしふみ）

和歌山大学教育学部教授。臨床発達心理士スーパーバイザー、学校心理士スーパーバイザー、上級教育カウンセラー、ガイダンスカウンセラー・スーパーバイザー。専門は臨床発達心理学・実践教育心理学（こどもの理解と発達支援・学習支援・人間関係支援・子育て支援）。

日本臨床発達心理士会理事・『臨床発達心理実践研究』編集委員、日本教育カウンセリング学会理事、日本教育実践学会理事・『教育実践学研究』編集委員、日本思春期学会理事、日本学校心理士会幹事、日本教育カウンセラー協会評議員、日本発達支援学会『発達支援学研究』編集委員、日本教授学習心理学会『教授学習心理学研究』編集委員、公認心理師養成大学教員連絡協議会広報委員、関西心理学会役員（委員）、和歌山県教育カウンセラー協会会長、摂津市子ども・子育て会議会長として、社会的活動を行う。

【著書】

『子育てはピンチがチャンス！』（監修・共著）、『発達障害・愛着障害　現場で正しくこどもを理解し、こどもに合った支援をする「愛情の器」モデルに基づく愛着修復プログラム』、『行動科学への招待［改訂版］』（共編著）以上、福村出版

『事例でわかる！　愛着障害』、『やさしくわかる！　愛着障害』以上、ほんの森出版

『愛着アセスメントツール』、『愛着障害は何歳からでも必ず修復できる』以上、合同出版

『発達障害？　グレーゾーン？　こどもへの接し方に悩んだら読む本』フォレスト出版

『愛着関係の発達の理論と支援』（編著）金子書房

『特別支援と愛着の問題に生かすカウンセリング』（共編著）ぎょうせい

『特別支援教育　通常の学級で行う「愛着障害」サポート』（共著）明治図書出版

『障害者・障害児心理学』（共著）ミネルヴァ書房

【論文】

「学校現場における学校心理学研究の動向と課題－こどもとこどもを取り巻く環境への支援の方向性を探る－」『教育心理学年報』第54集

「「愛情の器」モデルに基づく愛着修復プログラムによる支援－愛着障害・愛着の問題を抱えるこどもへの支援－」『臨床発達心理実践研究』第10巻

「愛着障害・愛着の問題を抱えるこどもの理解と支援－愛着の問題のアセスメントと「愛情の器」モデルに基づく愛着修復プログラムによる支援－」『日本学校心理士会年報』第8号

「こどもの安全基地・安心基地・探索基地になれる親」『児童心理』8月号　金子書房

「愛着障害の実態と対応・支援」『指導と評価』12月号　日本図書文化協会

「「愛着障害」と発達障害の違い・見分け方と支援の在り方」『月刊実践障害児教育』6月号　学研教育みらい

「愛着の問題を抱えるこどもへの支援〈愛着障害・発達性トラウマ障害〉」『公認心理師』夏号（第6号）協同出版

「愛着の視点からの支援－愛着障害の支援の立場から－」『発達』169　ミネルヴァ書房

「愛着の視点からの発達支援－愛着障害支援の立場から－」『発達支援学研究』第2巻第2号

「愛着障害と発達障害」『発達障害白書：2023年版』明石書店

「発達支援における愛着障害への支援の重要性－愛着形成、愛着障害をどう捉え、どう支援していくのか？－」『発達支援学研究』第3巻第2号

「愛着の問題をかかえるこどもの理解と教師のかかわり」『特別支援教育の実践情報』No.214　明治図書出版

「愛着障害と発達障害の違いと関係－愛着障害支援の立場から－」『日本の科学者』Vol.59, No.1　メトロポリタンプレス

愛着障害・愛着の問題を抱える
こどもをどう理解し、どう支援するか？
アセスメントと具体的支援のポイント51

2019年 8 月25日　初版第 1 刷発行
2024年10月 1 日　　　第 8 刷発行

著　者　　米澤 好史
発行者　　宮下 基幸
発行所　　福村出版株式会社
　　　　　〒104-0045　東京都中央区築地 4-12-2
　　　　　電話　03-6278-8508／ファクス　03-6278-8323
　　　　　https://www.fukumura.co.jp
印刷・製本　中央精版印刷株式会社

©Yoshifumi Yonezawa 2019
Printed in Japan
ISBN978-4-571-24076-8

定価はカバーに表示してあります。
落丁本・乱丁本はお取り替えいたします。

福村出版◆好評図書

米澤好史 著
発達障害・愛着障害
現場で正しくこどもを理解し，こどもに合った支援をする
「愛情の器」モデルに基づく愛着修復プログラム
◎2,400円　ISBN978-4-571-24057-7　C3011

愛着形成における母親との関係性や臨界期に縛られず愛着修復できる方法を，著者の豊富な実践研究事例で解説。

米澤好史 監修／藤田絵理子・米澤好史 著／くまの広珠 漫画・イラスト
子育てはピンチがチャンス！
●乳幼児期のこどもの発達と愛着形成
◎1,400円　ISBN978-4-571-24093-5　C0011

生涯発達を支える愛着。乳幼児期のこどもの発達と子育てや保育に関わる要点を漫画を交えわかりやすく解説。

G. ニューフェルド・G. マテ 著／小野善郎 訳
思春期の親子関係を取り戻す〔増補改訂版〕
●子どもの心を引き寄せる「愛着脳」
◎2,700円　ISBN978-4-571-24102-4　C0011

離れてしまった思春期の子どもの関心を親のもとに取り戻す力，「愛着」の役割とは。補遺を含む増補改訂版。

小野善郎 著
思春期の心と社会
●メンタルヘルス時代の思春期を救え
◎1,600円　ISBN978-4-571-24103-1　C0011

思春期が絶滅の危機にある今，子どもたちのメンタルヘルスを守り支えるために，大人ができることとは。

小野善郎 監修／和歌山大学教育学部附属特別支援学校性教育ワーキンググループ 編著
児童青年の発達と「性」の問題への理解と支援
●自分らしく生きるために 包括的支援モデルによる性教育の実践
◎1,800円　ISBN978-4-571-12137-1　C3037

性の概念の変化に対し性の問題をどうとらえ支援するのか。発達段階に応じた性教育の包括的支援モデルを紹介。

A.F.リーバーマン 著／青木紀久代・西澤奈穂子 監訳／伊藤晶子 訳
トドラーの心理学
●1・2・3歳児の情緒的体験と親子の関係性援助を考える
◎2,800円　ISBN978-4-571-24096-6　C3011

大きく成長する1～3歳の子どもの心。この時期の発達を豊富な研究結果から解説し，よりよい親子関係へと導く。

D. フォーシャ 著／岩壁 茂・花川ゆう子・福島哲夫・沢宮容子・妙木浩之 監訳／門脇陽子・森田由美 訳
人を育む愛着と感情の力
●AEDPによる感情変容の理論と実践
◎7,000円　ISBN978-4-571-24063-8　C3011

変容を重視した癒やしの治療モデルAEDP（加速化体験力動療法）。創始者ダイアナ・フォーシャによる初の解説書。

J. エレンリッチ-メイ 他 著／藤里紘子・堀越 勝 監訳
つらい感情とうまくつきあう認知行動療法の統一プロトコル
子どものための感情探偵プログラム ワークブック
◎5,000円　ISBN978-4-571-24560-2　C3311

不安やうつなど，さまざまな感情障害に効果をもたらす認知行動療法「統一プロトコル」の小学生向けプログラム。

J. エレンリッチ-メイ 他 著／藤里紘子・堀越 勝 監訳
つらい感情とうまくつきあう認知行動療法の統一プロトコル
子どものための感情探偵プログラム セラピストガイド
◎4,000円　ISBN978-4-571-24563-3　C3311

『子どものための感情探偵プログラム』の治療者向けマニュアル。プログラムの運営に必要な手順を詳説。

◎価格は本体価格です。